(Sous ce même titre, 2 vol. dans V.)

uire V, 43, 291 - 252

LA

RENAISSANCE DES ARTS

A LA COUR DE FRANCE

LA
RENAISSANCE DES ARTS

A LA COUR DE FRANCE

ÉTUDES SUR LE SEIZIÈME SIÈCLE

PAR

LE C^{TE} DE LABORDE

MEMBRE DE L'INSTITUT

PARIS

IMPRIMERIE DE J. CLAYE ET C^E

RUE SAINT-BENOÎT, 7

15 AOUT 1850

LA

RENAISSANCE DES ARTS

A LA COUR DE FRANCE

La France doit à ses rois trois renaissances,
grands jalons de son histoire des Arts. De la cour
partit, au VIIIe, au XIIIe et au XVIe siècles, une noble
impulsion dont le monde se ressentit. Dans la dernière de ces trois phases l'influence royale paraît avec
plus d'évidence, parce qu'elle fut sans rivale; mais
à toutes les époques, depuis Charlemagne jusqu'à
Louis-Philippe, c'est à nos rois qu'il faut rapporter
la protection féconde et presque toujours l'influence
éclairée. Sans doute, la venue des hommes de génie et la production des chefs-d'œuvre ne dépen-

1.   a

dent d'aucune forme de gouvernement ; ils éclosent sous des lois mystérieuses, supérieures aux combinaisons humaines ; mais la direction, cette force qui comme la charrue ouvre le sillon, cette intelligence semblable à la main du cultivateur qui jette le grain en temps utile, dans un sol habilement préparé, ce quelque chose qui, dans le travail des champs, s'appelle l'expérience, et qu'on nomme, dans le domaine de l'imagination, le goût des lettres et des arts, fut l'apanage de nos rois.

Reconnaître ce fait est justice, mais il y a plus : s'imaginer que les arts puissent prospérer sans la protection d'une cour, supposer que la cour tiendra son rang élevé sans le prestige des arts, c'est créer en théorie deux non-sens, et en pratique deux impossibilités.

Les chefs des républiques de l'antiquité vivaient dans des masures. Périclès, construisant le Parthénon au front de l'Acropole d'Athènes, n'avait dans cette ville qu'une modeste maison. La religion, supérieure à la forme du gouvernement, était alors la maîtresse des destinées de tous. Au lieu d'un roi pour protecteur, les arts avaient un dieu.

A la ferveur religieuse qui enfantait des merveilles succéda la puissance royale, qui absorba toutes les adorations en concentrant autour d'elle toutes les magnificences. Il est inutile de rechercher si ce culte servile fut aussi favorable aux arts que le culte élevé de la divinité ; il y a entre ces deux autels la distance de la terre au ciel ; mais la société ayant marché dans cette voie, les arts furent contraints de l'y suivre, et ils trouvèrent, auprès du trône, de nobles inspirations et les moyens matériels pour élever d'admirables monuments.

La profonde transformation qui s'opéra dans les arts après le lent et douloureux établissement du christianisme, transformation qu'on doit appeler décadence ou barbarie, quand on perd de vue les liens qui unissent les arts de l'antiquité avec les arts modernes, la transformation du moyen âge ne peut être comparée à rien. Au moment de la plus grande ferveur chrétienne, les arts sont impuissants, et quand ils se développent, l'esprit religieux a déjà pactisé avec l'esprit mondain.

Charlemagne, dans sa magnifique cour d'Aix-la-Chapelle, rappela ce qu'avaient été les empereurs de Rome et de Byzance : un centre rayonnant puissamment sur la surface d'un domaine immense. Les arts, dans un essor de créations grandioses, mélange heureux de réminiscences antiques et de nouveautés orientales, semblent avoir répondu au luxe de la cour impériale, à ses fondations religieuses, aux goûts d'un public encouragé par l'affermissement du pouvoir. Avec le démembrement de l'empire commencèrent des luttes épuisantes. La guerre civile devint l'état normal, le métier des armes la seule occupation. Les poëtes, les artistes,

tous les hommes d'imagination et de loisir aban-
donnèrent ce champ de guerres et de brigandages;
ils trouvèrent un refuge hospitalier et une protection bienveillante à la cour des comtes de Toulouse,
des ducs de Normandie, des comtes de Champagne,
et des Othons en Allemagne. Ici fleurit la poésie,
là les arts byzantins se développèrent, et les cours
étrangères eurent un éclat inusité; mais cette émigration fut de courte durée, et je doute même qu'à
les bien considérer chacun de ces petits centres
valût en luxe de·bon goût, en protection intelligente, en créations heureuses, la cour de France
dans son dénuement.

Les croisades eurent bientôt déblayé le champ
des luttes féodales, et les grands vassaux, ayant
épuisé contre les infidèles leurs ressources finan-
cières avec leur ardeur belliqueuse, le terrain semblait préparé pour le rétablissement d'une puissance
centrale. Philippe-Auguste épousa Isabelle de Hay-
naut, pour recueillir sur la couronne de France ce
qui restait du sang de Charlemagne; les peuples
prirent confiance dans cette fusion des grandeurs
traditionelles, et de la bataille de Bouvines surgit,
toute armée, cette figure gigantesque de l'autorité
royale, centre de toutes les pensées fécondes, refuge des doux loisirs et des nobles goûts.

Après Philippe-Auguste, la tâche était grande
encore. Comme un corps en défaillance, qui ne
sait pas s'aider lui-même, la société avait besoin

d'être soutenue. Louis VIII n'eut que le temps de
consolider l'œuvre paternelle. Fils de Philippe-
Auguste, père de Louis IX, il lui a suffi, pour briller
dans l'histoire, de se montrer digne de former le lien
entre la force et la sainteté du pouvoir. Une reine
lui succéda. Pour la première fois une femme était
souveraine, et la cour de France reçut de ses grâces
comme de ses vertus un éclat nouveau. Blanche
avait enseigné à son fils tout ce qui fait un grand
roi, sans se douter qu'elle en faisait un saint; mais
ce prince, malgré sa douceur, était terrible au combat; modèle de piété, il était inébranlable dans les
limites de son autorité; simple dans ses vêtements,
il ne le cédait à personne en magnificence, quand
le roi de France devait recevoir le roi d'Angleterre;
enfin s'il négligeait sa demeure, il élevait la Sainte-
Chapelle à Dieu et une bibliothèque à la science. Ni
sa piété, ni sa simplicité, ni la dureté des temps, ni
l'insuccès de la croisade, n'empêchèrent les arts de
briller à la cour de France d'un éclat supérieur.

Les fils de Philippe le Bel et ses belles-filles formaient autour du roi toute une cour folle de plaisirs et passionnée pour le luxe (je n'ose pas encore
dire pour les arts); mais ce luxe ne respectait déjà
plus les limites que la noblesse voulait lui imposer,
il débordait au delà. On voyait dans la bourgeoisie
des copistes assidues, et sans doute, au gré des
dames de la cour, des copistes trop habiles de ces
modes nouvelles. Le roi lança, contre cet entraîne-

ment naturel, des lois somptuaires, pour démontrer une fois de plus l'inutilité de pareilles lois, et en même temps pour signaler ce que l'influence de la cour avait selon lui d'excessif. Il est vrai que, faites contre la bourgeoisie, ces lois servirent à arrêter la cour; Jeanne de Navarre prêcha d'exemple, elle n'eut plus dès lors que deux dames d'honneur et trois demoiselles.

Le sage et heureux règne de Charles V, fruit de l'économie, n'en inspira le goût à personne. Le roi lui-même, entraîné par les plus nobles penchants, enrichit le Trésor royal et la bibliothèque du Louvre avec un goût et une magnificence dont ses inventaires nous conservent le témoignage intéressant. Il a pu voir à la fin de ses jours, et il a préparé au règne de son fils un des moments les plus brillants de la cour de France. Le Louvre venait d'être entièrement restauré par ses soins, les murs tendus de tapisseries à personnages, véritables tableaux, retraçant l'histoire des temps passés, étaient un fond harmonieux sur lequel se détachaient les dressoirs chargés de chefs-d'œuvre d'orfévrerie et les pupitres tournants couverts de manuscrits ornés de miniatures. Dans ces appartements, plus riches que bien distribués, arrivaient en foule les oncles du roi Charles VI: Philippe le Hardi, qui partageait entre ses nouveaux domaines et l'hôtel de Bourgogne les goûts de magnificence puisés à la cour de France; Jean, duc de Berry, qui rivalisait dans son hôtel de Paris et dans son palais de Wincester avec le Louvre lui-même ; le duc Louis d'Orléans, frère du roi, l'heureux époux de la belle Valentine de Milan, à laquelle il s'efforçait de faire oublier, dans le superbe hôtel de Bohême, les magnificences de la cour de Galéas, son fastueux père ; et à la suite de ces princes, vingt seigneurs français s'étudiant, dans les limites de leurs moyens, souvent même au delà, à imiter ce luxe distingué, les uns en embellissant leurs demeures à Paris, en ajoutant à leur trésor de vaisselle ornée, de joyaux et de manuscrits à miniatures ; les autres en transportant dans leurs châteaux, au milieu de leurs domaines, un luxe et des goûts inconnus jusqu'alors hors de la cour. Chacune de ces créations lointaines forma de nouveaux centres, plus ou moins influents, selon que la protection était plus ou moins intelligente, plus ou moins persévérante et favorisée par des circonstances extérieures. Accordons à ces efforts provinciaux l'attention qu'ils méritent, sans en exagérer l'importance ; car ces apparitions brillantes autant qu'éphémères ont disparu avec celui qui les avait fait naître, tandis que la cour toujours renouvelée, toujours passionnée, toujours jeune, continuait les mêmes errements à travers les générations, en fondant les nouvelles écoles dans les anciennes avec des conditions particulières de durée.

Ce concours de circonstances favorables, et l'hospitalité offerte aux étrangers de distinction de tous les pays, firent de la cour de France, dès le XIIe siècle, le modèle des cours de l'Europe. L'aménité de son langage, déjà devenu la langue universelle, l'urbanité de ses manières, les sentiments chevaleresques de ses seigneurs, la galanterie de ses femmes, furent donnés généralement en exemple, et je ne parle pas de l'élégance des costumes, des meubles, des équipements et des litières, c'est affaire de mode, et on sait que la mode, qui change si souvent, jamais depuis lors n'a changé de résidence.

Il est d'usage aujourd'hui d'entrevoir la cour dans le déshabillé de madame Dubarry et d'en chercher les misères avec les lunettes grossissantes des grands comédiens qui s'appellent les moralistes du XVIIIe siècle; la cour de France a été autre chose : étudiée aux époques où son influence fut active et utile, on voit qu'elle se distinguait par toutes les supériorités de l'esprit et du cœur, que faisaient ressortir la grossièreté des cours étrangères et les mœurs brutales de la nation. Jugeons donc froidement son influence, mais jugeons-la dans toute sa portée.

Pendant treize siècles, le gouvernement de la France fut dans la cour royale. Les officiers de la couronne étaient les ministres du roi. Panetiers, échansons, maîtres d'hôtel, maîtres de la vénerie, etc., devinrent successivement les chefs de différents services de l'État, et contribuèrent à porter dans les finances, dans l'organisation de la force armée, dans l'entretien des routes et des ponts, dans la police des villes, un ordre et une régularité dont l'administration de l'hôtel du roi et des domaines royaux avait, la première, fait l'expérience et recueilli les avantages. La cour, c'est-à-dire la royauté, avec ses entourages et l'exercice absolu de la puissance, formait ainsi le centre vénéré et craint de toutes les classes de la nation, le but aussi de toutes les ambitions. A ce rôle important, autant que grave, s'associe une autre influence plus douce et plus puissante à la fois.

L'élévation de la condition des femmes est un fait général qui a suivi la marche de la civilisation, mais la cour fut pour beaucoup dans cette élévation. La chevalerie, dans ce qu'elle eut de plus romanesque, les tournois et les cours d'amour, dans leur organisation la plus galante, trouvèrent près de nos rois les protecteurs les plus dévoués, les prosélytes les plus fastueux. L'entourage des reines se composait des princesses du sang, des princesses étrangères mariées ou en visite, et des femmes des grands serviteurs du roi. Insensiblement se forma la maison des reines et, avec leur service, l'institution des dames et des filles d'honneur. Elles sont portées dans les états de la maison royale, et elles figurent souvent dans l'histoire. En 1413, la haine populaire se traduisait contre Isabeau de Bavière en brutalité; on força son palais, on emprisonna son frère, *et si prist on,* dit Juvénal des Ursins, *environ quatorze ou quinze dames que damoiselles de l'hostel de la Reyne, lesquelles furent menées en la conciergerie du palais comme en prison.*

Si l'introduction des femmes à la cour de France a été insensible et remonte à la formation même de la monarchie, une circonstance particulière et le grand développement que prenait la maison royale firent qu'elles y eurent un rang plus élevé sous Charles VIII. Anne de Bretagne n'était pas seulement une belle princesse, maîtresse du cœur de son époux, une femme un peu altière, aimant le commandement et la représentation, c'était en outre une princesse souveraine de son chef, par son duché, et à ce titre elle avait ses gentilshommes et ses gardes, elle eut ses dames et ses filles d'honneur. On voit la nuance et la transition : de la domesticité et de l'intimité, les dames d'honneur s'élèvent au rang marqué par l'étiquette, et les femmes désormais ont un rang officiel comme les hommes. Les plus grands noms furent alors représentés à la cour par des membres de ces familles, qu'ils fussent grands officiers, pages, valets de chambre, dames ou filles d'honneur. De même qu'un jeune gentilhomme venait chercher fortune à la cour, une fille noble y trouva une position convenable avec la chance d'un bon mariage. L'un entrait page, l'autre entra fille d'honneur. L'entourage d'une reine ne fut plus formé par des amies de son choix et par des familières, mais il se composa des noms les plus illustres, choisis selon les mérites des chefs de famille, ou par la faveur du souverain. La magnificence de François Ier, et les goûts galants qu'il partageait avec toute son époque, quadruplèrent le nombre des femmes placées en titre d'office. Les maisons des princesses furent autant de cercles officiels, et la cour de France eut une élégance incomparable quand la maison de la reine, son personnel et son luxe furent imités par la duchesse d'Angoulême, mère de François Ier, et par Marguerite de Valois sa sœur; on vit alors comme une rivalité d'élégance, de grâces et de séduction surgir de ces différents groupes de filles d'honneur. Sans doute François Ier y trouva ses maîtresses, et il eut dans la maison royale des générations d'imitateurs, mais ces désordres avaient-ils attendu la venue des demoiselles d'honneur pour s'introduire à la cour? Les filles de Charlemagne, sans remonter plus haut que le récit d'Éginhard, ont ouvert cette ère de galanterie, et personne n'a pu la fermer. Croit-on d'ailleurs que ces jeunes princes, faute de filles d'honneur, seraient devenus de petits saints et des modèles de. continence? Ils auraient été chercher leurs maîtresses dans des conditions inférieures ; la morale n'y eût rien gagné, et la cour de France y aurait perdu cette élégance de manières, et ce ton distingué qui forma nos princes, nos seigneurs et toute la noblesse à l'exercice des nobles sentiments, à la pratique des coutumes chevaleresques. Les combats en champ

clos et la manie des duels furent l'exagération de
ces principes ; ne les condamnons pas : ils créèrent
le point d'honneur et, avec lui, la politesse, qualité
si longtemps propre à la cour et qui est restée la
politesse française. Les bonnes manières eurent
ainsi, de bonne heure, à la cour de France, un
guide délicat, et l'élévation des sentiments un ap-
préciateur distingué. Les femmes furent les juges
de ces élèves en l'art de plaire, et elles se chargèrent
de récompenser le vainqueur. Poésie, beaux-arts,
élégance, qu'êtes-vous, sinon les enfants légitimes
de cet art qui les réunit tous ? La galanterie, il est
vrai, vint à la suite ; elle fut de bonne heure admise
et tenue en honneur à la cour de France. Nous devons à cette tolérance, peut-être un peu débonnaire,
le poli précoce de nos mœurs et le charme particulier de la société française. Condamner la galanterie de nos cours ! mais toute la chevalerie, toute
la poésie, les arts tout entiers en découlent, et, pour
le prouver, suivrai-je, règne par règne, depuis les
grandes maîtresses jusques et y compris madame
de Pompadour, l'influence de la galanterie ? Ce
serait superflu. La galanterie a servi à épurer les
mœurs dans une cour qui a paré les vices de chaque
époque sans en avoir inventé aucun. Résumons
donc ce qui vient d'être dit sur l'influence de la cour.

La puissance absolue d'un roi, tous les intérêts
de la nation représentés par ses hommes d'État, ses
guerriers les plus illustres, ses nobles dames les

plus élégantes, formaient dans la Cour royale le centre unique de l'autorité, de la gloire et de la beauté. La cour devenait forcément l'arbitre du goût, le protecteur des arts, le tyran de la mode. Langage, manières, costumes, et dans un ordre plus élevé, art, poésie, sentiments même, ressortissaient à cet aréopage d'autant plus puissant qu'il était unique en Europe. Nous pourrions montrer les trouvères à la cour de France prenant le dessus sur les troubadours, le modèle du langage cherché sur les bords de la Seine ou sur les bords de la Loire, selon que la cour habite l'un ou l'autre de ces rivages. Quenes de Béthune s'excuse au XIIe siècle de ne pas parler le langage de la cour, comme un poëte, quatre cents ans plus tard, aurait pu rougir de ne pas italianiser son style, à l'imitation du parler maniéré dont Catherine de Médicis se défendait, mais qui, dans sa courte apparition, eut quelque influence sur la langue. Il suffit d'ouvrir les chroniques, de lire les romans et les poésies, pour trouver partout les preuves de cette domination dans l'empire du bon goût : que la cour réside à Paris dans le Louvre, ou sur les bords de la Loire dans les châteaux royaux ; qu'elle suive nos rois aux croisades ou dans les expéditions d'Italie ; partout elle domine par la supériorité d'une intelligence vive et d'un certain atticisme qui, comme au temps des Grecs, était, quoi qu'on en eût, accepté de tout le monde. Mais, diront les gens rigides, vous nous vantez là des mœurs bien légères, une morale passablement relâchée, une façon de dire un peu bien libre. J'en conviens : quand les seigneurs français réunis autour du Dauphin récitaient, en compagnie de Philippe le Bon et de quelques officiers de sa cour, ces cent nouvelles nouvelles qui sont un des monuments de la langue française, ils se préoccupaient moins de la morale que de bien et gaîment conter ; quand la reine de Navarre, après avoir composé dans sa litière, aux environs des années 1540-46, les charmants contes dont elle a enrichi notre littérature, les lisait dans sa cour au milieu de ses dames et filles d'honneur, tout ce jeune monde arrêtait, il est vrai, ses pensées sur des sujets peu moraux, mais il apprenait le secret de bien dire, l'art de se conduire' et le talent de plaire, trois qualités précieuses. Les filles d'honneur, dans les cours étrangères, n'étaient pas des Lucrèces ; elles se racontaient ces mêmes anecdotes qui, depuis Boccace et le Pogge, circulaient dans le monde ; seulement elles les disaient grossièrement, et quand, entraînées par l'exemple, elles cédaient à la séduction, c'était sans grâce.

Quelque peu graves que soient ces déviations de la ligne droite, je m'accorderais à les condamner si la cour n'était pas et ne devait pas être un monde à part. Son personnel, voué à une vie de représentation, est pour ainsi dire condamné à une existence extérieure qui comporte un mélange des quali-

tés les plus estimables, les plus solides, avec des
dehors mondains et légers. Se recrutant dans l'élite
de la nation, il s'entretient traditionnellement dans
des habitudes galantes autorisées par une morale
facile, mais régularisées par des principes d'honneur. Croyez-moi, supposez à cette époque un Brantôme de la bourgeoisie écrivant aussi indiscrètement que le Brantôme de la noblesse, vous pren-
driez en estime les légèretés de la cour. La liberté du
langage, qui dénoterait dans les classes inférieures
une licence de conduite coupable, n'indique chez
les seigneurs qu'une façon de l'esprit. C'est le bien
dire et le tout dire poussés dans les voies les plus
scabreuses. Là où le bourgeois tombe lourdement
dans le précipice, l'homme de cour, comme le cha-
mois sur la crête des rochers, évite les dangers, fran-
chit d'un bond la difficulté, et vous force d'écouter
en souriant ce que vous auriez refusé d'entendre,
dit dans des termes différents et d'un autre air.

Ces habiletés, je le sais, n'excusent pas, elles
déguisent le mal. Eh qu'importe? Les goûts de la
cour, ses mœurs, ses scandales même étant renfer-
més étroitement dans un cercle tracé par l'étiquette,
longtemps et presque jusqu'à la fin du XVIII\e. siècle, on s'est raconté hors de la cour, les fredaines
des jeunes seigneurs, les complaisances des grandes dames, d'une manière si romanesque, que l'on
n'a pas plus songé à les imiter qu'on ne se sentait
entraîné par une nouvelle de Boccace. Tout cela

était si loin, séparé par l'étiquette comme par le temps, que ces récits semblaient être du domaine de l'imagination. Lorsque de nos jours, la cour, devenue bourgeoise, n'a plus été défendue par les formidables barrières de l'étiquette ; quand épiciers et marchands, costumés en gardes nationaux, ont été reçus aux Tuileries, nos princes et la cour ont compris qu'il fallait réformer des habitudes qui ne seraient plus comprises. Ils ne conservèrent des mœurs de l'ancienne cour que la noblesse des sentiments, l'élégance du langage et des manières ; aussi les cinq mille invités aux grands bals, curieux de voir de près le laisser-aller de la cour, ont été bien surpris de trouver dans le palais des Rois le modèle des vertus de la famille associées au plus noble amour de la patrie.

Cette cour n'existe plus. Les Tuileries sont désertes, mais Paris a hérité, par une infiltration lente et continue, de ces goûts d'élégance, de cette distinction de manières, de ce choix d'expressions. Paris est pour les étrangers aujourd'hui, ce lieu de délices, ce modèle de bon goût que la cour de France a offert pendant tant de siècles à la noblesse de toute l'Europe ; seulement, tandis que la cour, par sa composition d'élite, maintenait les bonnes traditions, la société d'aujourd'hui marche sans guide, et il ne peut échapper aux moins clairvoyants que le bal de Mabille sans le contre-poids du bal de la cour, que le langage de la tribune et la lecture des journaux sans le correctif du langage de bon ton et du style pur, vont mener au galop le convoi de la politesse et de la langue françaises.

Si, pénétrant plus avant dans le détail, nous recherchons par quels procédés la cour de France influait sur les arts, nous en trouvons les raisons dans les lignes précédentes. Elles peuvent se résumer ainsi : la puissance, la richesse, et par-dessus tout l'autorité d'un jugement exercé et sûr ; voilà pour l'influence ; voyons les résultats. Nous les trouvons dans le style de l'architecture qui subit, au XIIIᵉ et au XVIᵉ siècle, ses deux plus radicales réformes au milieu de l'Ile de France, dans le domaine privé de nos rois. Le gothique n'offre rien de plus parfait que la Sainte-Chapelle, la renaissance n'a rien de plus achevé que la façade intérieure du Louvre et la tribune de la salle des gardes. La sculpture, ce grand art, l'art sérieux, n'avait encore rien produit qui pût être comparé à la sculpture des Grecs et des Romains, lorsque se forma au XIIIᵉ siècle, en France, j'entends dans la France, domaine et résidence de nos rois, une école admirable, dont il faut apprécier le mérite dans le milieu d'où elle est sortie et qui, même à côté de ce qui s'est produit depuis six cents ans et en face de tout ce que la recherche des antiquités a fait sortir de terre, conserve encore sa haute valeur.

Cette école a ses chefs-d'œuvre à Paris et dans les églises à vingt lieues à la ronde. Quand, après avoir

décliné, elle recouvra dans la seconde moitié du
XVᵉ siècle un caractère à la fois noble et gracieux,
c'est à Dijon, en travaillant pour le duc de Bourgogne, à Nantes pour François de Bretagne, à Tours
pour Louis XI, à Gaillon pour le cardinal d'Amboise, qu'elle reprit son essor. Elle était encore
alors supérieure à sa rivale d'Italie; aussi put-elle
sans grands efforts opposer plus tard aux maîtres
italiens, en plein XVIᵉ siècle, l'ampleur et la noblesse
d'un Jean Cousin, l'élégance et la pureté de Jean
Goujon, la grâce délicate et fine de Germain Pilon.
Tous ces beaux génies, remarquons-le bien, quelle
que soit la province qui leur a donné le jour, vinrent
à la cour demander aide et protection. Saint-Denis,
les Célestins, vingt églises et autant d'abbayes, se
meublèrent avec les magnifiques monuments que les
rois firent exécuter, ou qu'à leur exemple la cour
commanda. Les peintres, dignes de ce nom, ont
tous aussi vécu à la cour, les plus habiles ont
figuré sur les états de l'hôtel du roi, de la reine
et des princes du sang, et l'ouvrage, auquel ces
pages servent d'introduction, prouve surabondam-
ment que pas un talent n'a été négligé par eux.
Aussi la cour fut-elle de tout temps la pépinière
inépuisable, la source intarissable où la province
vint chercher les peintres et les sculpteurs dont accidentellement elle avait besoin. L'industrie eut sa
part dans cette noble protection toutes les fois qu'elle
confinait aux arts : les tapissiers de haute lisse et

les brodeurs, les orfévres et les émailleurs, les ar-
muriers et les relieurs, les potiers, ciséleurs et graveurs, comme l'auteur des faïences anonymes de
Henri II, ou modeleurs délicats, comme Bernard Palissy, eurent leurs appointements fixes sur les états
des officiers domestiques du Roy, et souvent leurs
ateliers dans les palais royaux. Je ne parle pas des
poëtes et des savants; les vers de ceux-là, les dédi-
caces de ceux-ci nous apprennent qui les stimulait,
qui les inspirait.

On trouve bien dans d'autres États la puissance
royale encourageant de ses faveurs le talent des
artistes; mais, par un privilége spécial, la cour de
France, seule, a su encore imprimer aux arts un
cachet particulier et les assujettir à son goût. J'ai
dit qu'en architecture elle favorisa le style gothique;
il avait pour elle tout le charme d'un souvenir,
puisqu'il lui rappelait, dans ses lignes principales et
son élancement, l'Orient, les croisades, les mosquées
ravagées, le Saint-Sépulcre conquis. Deux siècles
plus tard, elle rapporta d'Italie, non pas, comme
on l'a cru, une renaissance toute faite, mais le goût
salutaire de l'art antique, et elle l'imposa à la France,
alors que nos artistes se complaisaient dans le ro-
coco du style gothique, un art à bout de voie. A la
sculpture elle donna, au XIIIᵉ siècle, ses vêtements
si nobles dans la simplicité et la sobriété de leurs
plis, ses armures guerrières, ses mâles coiffures,
et par-dessus tout ces posés de mode à la cour,

dont la noblesse est peut-être un peu convention-
nelle, dont les airs ont leur côté affecté, mais qui
servent à dater les monuments. Or, remarquons-le
bien, car il y a ici un trait caractéristique, l'équivalent d'un argument décisif, ces attitudes ne sont
ni dans la nature, ni dans les règles du beau étudié
théoriquement, elles sont prises dans les mœurs;
mais pour être imitées aussi généralement par les
artistes, il faut qu'elles aient été de mise générale,
et la cour de France seule pouvait dicter de pareilles
lois, j'entends imposer de pareilles modes. Ces airs,
ces poses, varient à peu près tous les siècles, et leur
renouvellement concorde avec la venue de quelque
jeune reine ou l'élévation d'une maîtresse puissante.
Voici ce qui me conduit à cette opinion. Un changement de costume, une variété de mode, coïncide toujours avec ces modifications dans les poses et dans les
airs. La mode, alors enchaînée autant par la résistance et la durée des étoffes magnifiques que par la
lenteur des communications, ne pouvait se livrer à ces
évolutions quotidiennes, encouragées aujourd'hui
par les journaux et par le bon marché des vêtements;
elle variait sans cesse à la cour dans des détails,
pour nous imperceptibles, mais elle ne transportait
au dehors que de loin en loin les grands bouleverse-
ments. Nous pouvons suivre ceux-ci sur toute l'é-
chelle des productions de l'art, depuis la miniature
jusqu'à la grande sculpture. Prenez un manuscrit
du XIIIᵉ siècle, un coffret émaillé de la même épo-

que, une plaque gravée en creux, un ustensile de
toilette ou de cuisine, depuis le peigne jusqu'aux
couteaux et aux chenets, et comparez les figures
souvent très-profanes qui les ornent avec les figures
de prophètes et de saints de nos cathédrales, comme
avec tous les objets à l'usage de la piété, n'est-ce
pas la même pose sur la hanche, le même sourire
dans la même tête penchée, de forme un peu carrée, et, quant aux costumes, identité complète?
Faites la même expérience pour le xvᵉ siècle, toutes
les carrures se retrécissent, la gorge s'efface, le
ventre vient en avant, et chez les hommes le corps
semble une masse huchée sur deux perches; j'exagère à dessein, je ferme les yeux sur les exceptions
remarquables, je prends l'ensemble de la production, et si je compare avec les sujets de sainteté
un des nombreux portraits originaux de nos
rois, de nos reines, et de leurs seigneurs, je vois
la parenté la plus intime. En descendant à une
époque plus récente, il devient futile d'insister.
Diane de Poitiers donna aux artistes ses proportions, sa taille, sa tête et son port, et ce modèle
servit à toute l'école de Fontainebleau, tellement
que les peintres italiens qui, comme le Primatice,
peignaient dans leur pays des femmes de proportions ordinaires, entrèrent dans ce courant aussitôt
qu'il leur fut imposé.

Je prévois des objections de la nature de celles-
ci : Vous exagérez l'influence de la cour, vous ne

tenez aucun compte des grandes créations du clergé,
des écoles de province, des monuments élevés par
la bourgeoisie. Peut-être bien même viendra-t-on
m'opposer le goût des beaux-arts si manifeste dans
le peuple. Je répondrai en peu de mots : A des
époques éloignées, la royauté et le clergé ne faisaient qu'un, l'Église n'aurait pu distinguer le plus
zélé de ses protecteurs. Au XIIᵉ siècle, la contribu-
tion pécuniaire offerte par la cour était minime,
comparée à ce généreux concours d'un peuple tout
entier qui échangeait avec joie son dernier sou
contre le salut de son âme, garanti par quelques
indulgences. Le clergé sut inspirer ce grand mouvement religieux, et il trouva, au milieu même
des moments les plus difficiles, des ressources in-
épuisables dans la piété. Ce mérite lui appartient ;
mais, ce compte une fois réglé, étudions la nature
de l'artiste. Sortis à peine de l'école byzantine,
qui avait su, même en France, imposer à ses
élèves la soumission aveugle aux prescriptions
hiératiques, les artistes français cherchèrent autour d'eux des modèles. Il s'agissait, en secouant
les entraves, de remplacer l'imitation servile des
types traditionnels par des compositions fidèles
encore au sentiment religieux, mais renouve-
lées, rajeunies par l'inspiration. Or, pour trouver
l'inspiration dans un cloître, il faut y être venu
chercher le recueillement et l'exaltation du sentiment religieux, après avoir vécu dans l'agitation

du monde, au milieu du mouvement de la rue, en face des beautés de la nature. Architecture, sculpture, peinture, qui que vous soyez, arts de l'imagination, vous êtes entrés dans le cloître, vous n'y êtes pas nés. Les artistes pouvaient à la rigueur trouver dans l'abbaye les modèles d'un martyr, du Christ défaillant et de quelques saints rangés en procession; mais l'histoire de l'Ancien et du Nouveau Testament, les légendes même, sont un composé de toutes les passions humaines, et la manière dont les sculpteurs et les peintres ont rendu les scènes pathétiques de ce vaste cycle prouve qu'ils avaient vécu de la vie passionnée du monde, traversée de gloires et de misères.

Si le clergé avait dirigé l'artiste, il l'aurait retenu, comme l'a fait le clergé grec, dans la règle des byzantins, et par respect pour la tradition il aurait fait reproduire les voûtes en plein cintre; au sculpteur il eût interdit les poses de la Vierge imitées des poses à la mode; au peintre, il eût défendu de donner à Salomon, à Pilate et à ses officiers les costumes des seigneurs de la cour; il aurait enfin élevé une barrière devant ce mélange de la vie réelle, de l'inspiration mystique et des types traditionnels, qui est à nos yeux le charme et la valeur de l'art au xiiie, mais qui était un scandale pour les gens orthodoxes. A ceux qui nieront cette domination mondaine, nous répondrons : lisez les plaintes qui s'élèvent de partout contre l'envahissement du sanctuaire par l'esprit du siècle, ou bien, sans prendre tant de peine, cherchez ces caricatures de moines, ces nonnes dévergondées et toutes ces scènes bouffonnes et joyeuses introduites sans pudeur jusques dans le chœur de vingt églises. Apprend-on ces gaillardises dans le cloître? Je ne saurais le croire. Je veux voir dans ces licences de vrais tours de page et des caprices d'artistes. Ces hommes d'imagination, après avoir vécu dans l'atmosphère de la cour, ont vainement encapuchonné la folle du logis; elle a jeté le froc aux orties, elle a repris ses habitudes.

Du clergé passons aux écoles de province; nous entendons par école un grand centre d'activité productive, tantôt créé par la construction d'une grande église, tantôt encouragé par la résidence de puissants vassaux dans leurs domaines. La construction d'une église, quelque lente que vous la supposiez, s'achève enfin, à moins que, faute d'argent, elle ne reste inachevée; d'un autre côté, la résidence des grandes familles dans les provinces est momentanée, elle dure tout au plus deux générations. Les écoles de provinces brusquement arrêtées dans leur essor, faute de travaux, se sont donc dissoutes successivement, et on n'en pourrait pas citer une en France dont la durée ait rempli un siècle. Dès l'apparition de nouvelles circonstances favorables, il se produisait dans ces petits centres une renaissance locale qui puisait ses éléments au centre per-

manent et toujours vivace, à la cour de France, ou
bien on faisait appel à ses voisins, comme les cours
du Midi, qui s'adressaient à l'Italie, et comme les
provinces de la France proprement dite qui, au
milieu du xvᵉ siècle, se recrutèrent dans les Flandres,
alors que la guerre et l'invasion avaient momenta-
nément concentré les arts et les lettres à la cour
de nos princes français les ducs de Bourgogne.

Lorsque la bourgeoisie parvenue commandait
de somptueux monuments, elle faisait hausser les
épaules, non pas aux gentilhommes, ils riaient de
ses prétentions, mais aux bourgeois eux-mêmes,
qui n'approuvaient pas ces exceptions. Une tombe
fort simple, composée d'une dalle gravée, suffisait
aux plus considérables d'entre eux. Dans l'intérieur
de leurs maisons ils avaient un tableau d'oratoire
et quelques rares portraits, un livre d'heures,
quelques joyaux, de la vaisselle d'argent très-
simple, et tout était dit pour la protection accordée
aux arts par la bourgeoisie. Quant au peuple, on
me permettra de ne pas mettre en discussion son
amour éclairé des arts. Ce qu'on a de mieux à faire
est de n'en pas parler. Trop de pages de nos annales nous apprennent qu'il a marqué dans l'histoire de nos monuments avec la hache et la torche.

La carrière d'un homme de talent, par suite
de ces circonstances persévérantes, n'a pas varié
depuis l'origine de la monarchie jusqu'à nos
jours. Quitter sa province, venir à Paris, à Tours

au xve siècle, à Blois ou à Fontainebleau au xvie,
à Versailles au xviie, d'abord pour se perfectionner
au contact des grands artistes et des bonnes traditions, puis, pour obtenir d'être attaché à la
cour, y conquérir le premier rang et, à défaut d'un
si grand succès, se faire une réputation qui le dé-
signe à la province ; transporter au loin les traditions du goût et fonder une école ou du moins
laisser après soi quelques imitateurs, telle est en
France l'histoire de tous les artistes. Les preuves
surabondent ; je ne citerai qu'un exemple. Le clergé
de Troyes, en 1402, était inquiet sur la solidité de
son église : il pouvait consulter son architecte ou
les architectes à vingt lieues à la ronde ; ils ne lui
inspirent pas confiance ; il envoie *à Paris pour par-*
ler à maistre Remond, maistre des œuvres du Roy, et
scavoir à lui, se il pourroit venir par deçà pour visi-
ter l'église ; lequel s'excusa et bailla maistre Jehan
Prevost, son neveu, pour icelle visiter. Le célèbre
Remond du Temple, bien vieux alors, ne se dépla-
çait pas pour si peu, et c'est ainsi que la cour
avait dans sa dépendance une pépinière toujours
peuplée d'artistes de tous genres, où la province prenait à l'envi les nouveaux rejetons de ses écoles ;
mais les chances de se voir employés au loin n'étaient
pas les plus enviées par les artistes : une fois qu'ils
avaient respiré l'air de la cour, ils ne pouvaient
vivre que dans son atmosphère ; au moins il leur
manquait, quand ils la quittaient, ces applaudis-

sements flatteurs, parce qu'ils sont intelligents, et ces mille séductions que la cour prodigue et que rien ne remplace.

Les mémoires du temps, ceux de Benvenuto Cellini en particulier, nous apprennent ce qu'il y avait, à côté de la générosité de nos rois, d'attentions délicates et de prévenances honorables. Dès l'origine de la monarchie, se plaçant au-dessus des préjugés de leur temps, ils attachaient à leur personne les hommes de lettres et les artistes avec le titre de valet de chambre, qui fut dans l'origine la fonction intime des gentilshommes les plus fiers, et qui était encore au xve et au xvie siècle un titre honorable, donnant le droit d'approcher le roi et de le suivre. L'étiquette de la cour, fondée sur les traditions et sur les statuts des corporations, confondant les poëtes et les artistes avec les gens de métier, les plaçait tout au bas de l'échelle hiérarchique, et il n'y avait pas de galopin de cuisine qui ne passât fièrement, et sur l'état des officiers et dans les cérémonies, devant un peintre et un sculpteur quel que fût son talent. L'artiste et l'artisan, l'homme de génie et le manœuvre, n'ont fait qu'un, pendant tout le moyen âge et longtemps après, puisque nous devons descendre jusque vers la seconde moitié du xviie siècle, pour voir s'établir la distinction formelle, et il ne fallut pas moins alors pour l'obtenir que la volonté du roi assistée de la puissance des plus hautes influences, toutes

favorables à la création de l'Académie de peinture
et sculpture contre les prétentions des maîtres
peintres et sculpteurs. Au xvi⁰ siècle, comme au
moyen âge, le roi ne pouvait échapper à ces
rigueurs de l'étiquette qu'en attachant à sa personne l'homme de talent qu'il voulait distinguer.
Le titre de valet de chambre tirait de ce mauvais
pas l'artiste, humble protégé, et le roi, noble protecteur. Ce titre l'élevait au-dessus de tous les
officiers domestiques, et le plaçait immédiatement
à la suite de la maison ecclésiastique et militaire.
Après le Concordat, François I⁰ʳ fit plus encore, il
donna des abbayes à ses peintres et à ses architectes, il les nomma ses aumôniers. C'était peut-
être un abus, au moins aux yeux du clergé; pour
nous, c'est la preuve d'une attention délicate et
d'une générosité sans bornes, qui répondent au
penchant naturel de ce grand roi pour tous les
hommes de talent.

Je remplirais un volume entier d'anecdotes tou-
chantes et de mots heureux, s'il s'agissait de prouver que nos princes ont été, sans discontinuer, et
pour tous les arts, des protecteurs dévoués et délicats. Ils l'ont été à toutes les époques, et jusqu'à
nos jours, où nous avons vu un Roi consacrer
38 millions de sa liste civile à l'encouragement des
arts, à l'embellissement de nos monuments. Mais
ce roi est tombé, me dira-t-on, et ses adversaires
les plus acerbes étaient des hommes de lettres qu'il

avait comblés de faveurs ; ses détracteurs les plus amers étaient ces mêmes artistes dont il vivifiait l'atelier. Si votre assertion était fondée, il aurait trouvé dans ces hommes de cœur des défenseurs contre la calomnie, et au moment du danger une garde contre l'émeute incendiaire. Faut-il voiler sa face quand on rappelle ces souvenirs, et douter du cœur humain en assistant à ces ingratitudes? Jugeons mieux les hommes. Disons-nous que les arts étant toujours jeunes, les artistes ont toujours été des enfants. Là est l'excuse, je n'en veux pas d'autre.

Peu importe quelle reconnaissance inspire un bienfait, le mérite du bienfait reste le même. La France doit à ses rois ses meilleurs artistes, elle leur doit aussi ses plus belles collections : à François Ier les tableaux de Raphaël, de Léonard de Vinci, de Michel-Ange, du Titien, et vingt statues antiques en comptant la Diane; à Louis XIV, les meilleurs lots de la vente de Charles Ier; à Napoléon victorieux le musée des chefs-d'œuvre du monde entier; à Charles X les collections qui portent son nom, et la Vénus de Milo; à Louis-Philippe le musée de Versailles. Tant que les arts eurent pour limites le sanctuaire de la religion ou l'enceinte de la cour, nos rois faisaient peindre les églises, ils les meublaient dessaintes reliques ou de leurs tombes monumentales, et ils réservaient pour leurs appartements les peintures profanes, les portraits et les tapisseries à personnages;

mais dès le XIIIᵉ siècle, ils ont des bibliothèques publiques, c'est-à-dire de véritables musées des chefs-
d'œuvre de tous les arts, la chanson de geste et le
roman écrits de la main la plus belle, ornés de peintures délicieuses, et reliés avec le concours de l'orfévre–émailleur et du joaillier. Dès le XVᵉ siècle, ils
forment des collections de tableaux, de sculptures
et de curiosités, et les ouvrent au public capable de
les apprécier, rendant l'accès de la salle des antiques du Louvre toujours plus facile à mesure que
le goût des arts prend plus d'extension. Bientôt le
nombre des amateurs de tableaux n'étant plus com-
patible avec les visites autorisées dans leurs appartements, et les fresques de Fontainebleau ne suffisant
plus aux études, ils font, chose sans exemple, abnégation de leurs propres jouissances, décrochent les
tableaux de leurs murs, et désignent les galeries du
Luxembourg pour musée public, où l'étude sera per-
mise, sans distinction de rang, à tous ceux qu'anime
la vocation des arts. Plus tard encore, le Luxembourg
devenant trop étroit, le palais du Louvre lui vient
en aide, et dès lors les résidences royales ne conservèrent plus que des tableaux insignifiants ou d'anciennes copies. Ainsi se forma peu à peu, et selon
les besoins, cette grande collection du Louvre, devenue par la volonté de nos rois, la plus noble part
des richesses de la nation, après avoir été le plus
beau joyau de la couronne.

Il est vrai, personne ne l'ignore, que ce sont les

sueurs du peuple qui, sous forme d'impôts écrasants, ont payé ces chefs-d'œuvre, ce luxe royal, et les guerres et les croisades La noblesse française, dans cent batailles, et Saint Louis, à Carthage, ont donné leur vie pour l'honneur de nos armes, toujours avec les sueurs du peuple; quelle reconnaissance serait due à ces rois qui, maîtres absolus des deniers publics, les ont employés à la conquête de toutes nos gloires? L'injustice de ces récriminations n'est égalée que par l'ignorance des faits historiques et du mécanisme financier de ces temps éloignés. Elles ne valent pas un moment d'attention.

Mais pourquoi tant vanter la monarchie? ajoutera quelque républicain du jour; voyez donc les lettres R F qui brilleront bientôt à la voûte d'or du grand salon du Louvre; la République aime et protége les arts. Tout beau! citoyen; si le chiffre R F reluit au milieu d'un semis de fleurs de lis dorées à neuf, entre les couronnes royales et les chiffres amoureux de Henri II et de Henri IV, c'est qu'une majorité royaliste a voté 1,500,000 francs pour la restauration du Louvre, étudiée par M. Duban, architecte de M. le duc d'Aumale, et sur le rapport de M. Thiers, ministre du roi Louis-Philippe; qu'y a-t-il de républicain dans tout cela? Si nous cherchons avec calme ce que les beaux-arts doivent à votre forme de gouvernement, nous serons vitement édifiés. On connaît mon opinion sur la protection accordée aux arts dans les républiques de l'antiquité; quel est leur sort dans les républiques modernes? Le Conseil des Dix à Venise, les Médicis à Florence ont protégé les arts; appelez-vous ces gouvernements des républiques? Je ne conteste pas la puissance de ces formes absolues, de ces dépenses sans contrôle populaire, de ce luxe patricien. Est-ce là le modèle de votre république? nous pourrons alors nous entendre. Mais si la Suisse ou les États-Unis répondent mieux à vos théories politiques, qu'y trouvons-nous? L'anéantissement des arts par la jalousie démocratique, par l'esprit matériel, par les préoccupations mercantiles; et pouvez-vous nous garantir un avenir républicain aussi tranquille, aussi prospère? Si je ramène mes yeux sur la république romaine de 1849, j'y vois, en six mois, la dilapidation brutale des monuments de Rome, et si elle avait duré six mois encore, la mise en vente de ses plus belles collections; si je rappelle à ma mémoire la république française de 1848, tant qu'elle a été républicaine, je ne puis écarter de ma vue Neuilly en flammes, le palais des Tuileries et le Palais-Royal saccagés, les tableaux des grandes campagnes de 89 traînés dans le ruisseau, les portraits des maréchaux de l'empire lacérés, et pour chef-d'œuvre la statue de la Liberté, un monstre honteux, sur la place du Palais-Bourbon. Il me répugnerait de tirer avantage de ces nobles intelligences, mises par centaines sur le pavé et abandonnées au

désespoir quand elles résistaient à la misère. Je ne
triomphe pas de ces malheurs. Quant à la république
modèle de 93, on la connaît : nos églises pillées,
nos archives brûlées en place publique, nos manuscrits, nos édifices, tous les monuments de l'art sot-
tement privés des armoiries qui leur donnaient une
signification et une date, les tombeaux de Saint-
Louis, de François Ier, de Henri IV, et d'une longue
suite de rois fouillés avec avidité et profanés sans
pudeur; les monuments érigés par la reconnaissance
nationale à Duguesclin, à Jeanne d'Arc, à Bayard
anéantis; toutes les beautés de l'art et toutes les
gloires de l'histoire, détruites à la fois, et ces indignes profanations commises, non pas seulement
dans la tourmente de l'émeute, mais froidement,
avec l'autorité de décrets salement motivés, et pour
chef-d'œuvre le portrait de Marat peint en martyr
de la bienfaisance, par David, ce républicain qui
devait son talent à la protection d'un roi, et qui dut
sa réputation à un empereur dont il peignit com-
plaisamment le sacre.

Laissons passer les républiques, et reprenons le
fil de notre déduction. Il faut aux arts l'élégance
d'une société d'élite, les encouragements d'un
monde capable de les apprécier; il faut aux artistes
la munificence d'une cour et d'une aristocratie,
ressorts matériels des grandes créations. Par la
même raison, si nous voulons comprendre les tendances diverses de l'art français à toutes les épo-

ques, c'est à leur centre d'action qu'on doit les
observer, et j'ai voulu dire, en quelques mots,
pourquoi, ayant à décrire le grand mouvement
du XVIᵉ siècle, j'ai dû étudier la renaissance des
arts à la cour de France.

PLAN DE L'OUVRAGE.

L'histoire du Louvre et des Tuileries m'a paru
le cadre convenable pour un tableau des arts en
France, à partir du règne de Charles VIII jusqu'à
la mort de Louis XIII. Je m'appliquai à en rechercher tous les éléments, aussitôt que la description
du palais Mazarin eut été publiée, et quand j'eus
terminé mes travaux pour l'histoire des ducs de
Bourgogne. Ces trois ouvrages complètent mon
plan d'une histoire des arts en France : l'un en
présente le début, les progrès et la décadence,
l'autre en expose la renaissance, le troisième en
fait connaître la dernière phase avant la création
de l'Académie de peinture et de sculpture, dont les
destinées seront elles-mêmes le sujet d'un dernier
travail. Cette manière de rattacher l'histoire de
l'art, soit à une grande influence, soit à un vaste
monument, m'a semblé lui donner de la vie, lui
éviter surtout cet air d'isolement qui, plus que toute
autre erreur, a faussé notre jugement. Les progrès
de l'art ne sont-ils donc pas les progrès de la société ? à toutes les grandes époques n'ont-ils pas

été intimement liés à ses besoins, se ressentant autant de sa prospérité que de ses malheurs?

L'histoire du Louvre commence avec le XIIe siècle, mais elle ne s'appuie sur le monument lui-même, tel qu'il est sous nos yeux, qu'à partir du XVIe, et c'est aussi la date de la fondation du palais de Catherine de Médicis.

Les sources de mes renseignements sont dans les deux palais, elles sont aussi dans les mémoires du temps, elles sont surtout dans les documents encore inédits de nos archives. Depuis bientôt vingt ans [1], je prêche, et je prêche d'exemple, l'exploration de ces dépôts qui nous offrent, bien plutôt qu'ils ne nous cachent, tant de renseignements inappréciables. J'y ai puisé, dans cette occasion, d'autant plus largement que j'étais le premier à m'y pourvoir, mais bientôt ma récolte a dépassé mes espérances et la place que je pouvais lui donner dans l'histoire du Louvre et des Tuileries. Alors pour éviter d'ajouter quatre volumes de notes et d'appendices aux deux chapitres dans lesquels j'expose le mouvement de la renaissance et la grande influence des Valois sur les arts, j'ai fait de ces notes mêmes un ouvrage, et je vais dire en peu de mots comment je les ai remaniées dans cette nouvelle forme.

---

1. J'ai puisé dans les archives de la Hesse électorale, en 1834, l'histoire de la découverte de L. de Siegen et le tableau des artistes employés à la cour de Cassel. J'ai extrait en 1836 des archives de Strasbourg les actes du procès de Gutenberg. Le premier de ces ouvrages a paru en 1839, le second en 1840.

Ma conviction n'a pas varié et mon but est le même, qu'il s'agisse du moyen âge ou de la renaissance. Il y a eu, selon moi, et je veux retrouver, un art français, un art national dont je crois pouvoir suivre la trace depuis les colonies grecques et la domination romaine jusqu'à nos jours. Cet art, à toutes les époques, a été plus vigoureux, plus abondant et plus distingué que ne sont disposés à le croire ceux-là même qui n'en nient pas absolument l'existence. Quant aux autres, leur doute, leur négation tiennent à deux causes : à la destruction systématique des œuvres d'art en France et à leur conservation religieuse en Italie.

Mais si les monuments sont rares en France, ce qui en reste, ce qu'on en découvre chaque jour, suffit, avec les textes, pour convaincre les plus sceptiques. Lorsque nous lisons, dans les historiens d'Alexandre, que ce grand roi conduisit ses légions victorieuses dans telle ville de l'Asie, nous croyons l'histoire avant même de pouvoir constater l'existence de la ville. Vienne un hardi voyageur qui déterre dans le sable un fragment d'architecture, nous battons des mains et nous inscrivons sans hésiter sur la carte et dans l'histoire le nom de cette ville attaché à un tronçon de colonne. Les documents que je cite sont aussi des historiens; ils nous décrivent les magnificences de la cour de France, ses générosités et les monuments qu'elle a fondés : pourquoi serions-nous moins confiants dans leur

autorité incontestable que dans les récits roma-
nesques des écrivains de l'antiquité? Et lorsque
des objets d'art, bien qu'en petit nombre, d'admirables monuments, d'innombrables statues, viennent confirmer leur témoignage, pourquoi leur
refuser créance? La fresque qui, pour renaître
brillante à la lumière, se dépouille du badigeon
comme d'un linceul, est tout aussi poétique, tout
aussi éloquente que la colonne au désert.

Au xvᵉ siècle, c'est-à-dire après la mort de
Louis XI, qui ferme, en 1483, l'époque dite du
moyen âge, il se produisit dans tous les arts une
renaissance dont il faut chercher la cause et les
éléments dans un amour de l'antiquité d'autant
plus vif qu'il succédait à un dégoût profond et mé-
rité pour les contorsions d'un art en décadence.
Le gothique, que vous cherchiez dans la poésie
ou dans la peinture, dans l'architecture ou dans
la sculpture, appelait à grands cris une renaissance,
comme tout arbre appelle autour de lui de jeunes
rejetons quand, épuisé par les années, il ne cou-
vre plus de son ombre l'espace qu'il abritait.

Cette renaissance, toute nationale, était préparée
de longue main. Dès le commencement du xvᵉ siècle
la peinture et la sculpture avaient cherché dans la
nature les vraies ressources de l'art, et elles n'atten-
daient plus pour s'élever dans le domaine de l'idéal
que l'initiation aux traditions de l'art antique, cette
source de toute vie. Je sais qu'il est du bon ton de

dédaigner tout art qui ne vient pas de l'autre côté des Alpes, mais quand on ne jure pas sur la foi du maître, quand on étudie par soi-même ce qu'on peignait en Italie, en 1420, à l'époque du grand talent des frères Van Eyck, on trouve une peinture vide, plate, sans effet senti, sans perspective aérienne, en un mot sans vérité comme sans réalité. Sans doute, dans ces grands coloriages, à travers l'insignifiante monotonie des uns, perce le sentiment délicieux d'un Jean de Fiesole; au milieu des grimaces des autres nous apercevons les têtes admirables d'un Masaccio; mais si un Jean Van Eyck ou un Jean Foucquet avaient eu, à cette même date, la nature italienne sous les yeux, croit-on qu'ils n'en eussent pas imité les types aussi fidèlement, en les revêtant, avec une bien autre puissance d'effet, de couleur et de relief. En sculpture m'opposera-t-on un monument italien de la fin du XIVᵉ siècle, qu'on puisse mettre, pour l'originalité et le sentiment, en regard de ces grands tombeaux sculptés, à Dijon, par les maîtres de Michel Colombe?

La renaissance française était donc en bonne voie lorsque Charles VIII, entraînant en Italie l'élite de la nation, lui montra les restes de l'antiquité éclairés par le soleil de Rome et de Naples. Elle eut avec la renaissance italienne non plus seulement le même point de départ, le réaction contre les écoles épuisées, elle eut aussi le même aliment : pour son

architecture les monuments de l'antiquité, et pour
la sculpture ses chefs-d'œuvre qui sortaient de
terre. De là une analogie qu'on a prise trop facilement pour une contrefaçon.

L'homme porte avec lui les défauts de ses
qualités et les qualités de ses défauts ; les peuples
sont sous ce rapport plus faibles encore que l'individu. Le Français n'a pas la réputation d'être
constant ; la vivacité de ses entraînements n'est
comparable qu'à la soudaineté de ses abandons.
Adorer une idole suppose le délaissement d'une
autre idole ; le Français fait plus, il la brise, et
on s'explique toutes les ruines dont il jonche
le sol par la mobilité de ses goûts. Au XVIᵉ siècle, épris de l'antiquité, il pouvait se livrer à
ce nouvel amour en toute paix, mais c'eût été
trop peu faire pour l'antiquité, et afin de lui mieux
montrer la violence de sa passion, il détruisit, autant que faire se put, tout ce qu'il avait aimé avant
elle, ou bien, et cela revient au même dans les arts,
il laissa sans entretien et sans soins tous les monuments de l'ancien style. L'art national du moyen
âge, non pas seulement le petit gothique de la décadence, mais le grand gothique de la belle époque,
subit alors de rudes atteintes, et n'étaient ces vais-
seaux d'église qui, comme une flotte majestueuse
résistèrent aux tempêtes, l'art du moyen âge aurait
sombré tout entier ; à peine si quelques débris,
poussés au rivage de l'archéologie, eussent pu ser-

vir à constater son existence avec son naufrage.

Excessifs en tout, les Français ne s'apercevant pas qu'ils trahissaient l'antiquité en s'engouant des Italiens, les accueillirent avec enthousiasme. Nos rois eurent le tort de pousser la nation sur cette pente, et les seigneurs de la cour de se faire les plus actifs promoteurs de cette mode qui avait pour eux le charme d'un souvenir de voyage, et rappelait, avec ses services militaires, à celui-ci la noblesse de sa race, à celui-là ses exploits de jeunesse; mais la meilleure preuve que c'était une mode, c'est qu'à Amboise, à Blois, à Gaillon, etc. etc., des colonies entières d'artistes français sont à l'œuvre sous la direction d'un ou de deux Italiens et laissent percer, pour qui veut la chercher, la supériorité des troupes sur leur général; à Fontainebleau même où les peintres italiens plus nombreux, dominent par la la distinction du talent, c'est aux peintres français qu'est abandonnée l'exécution ; quant à Chambord et au Louvre, ces grands palais sont exclusivement français.

Mon étude a donc consisté principalement en ceci : dégager de l'influence purement italienne la production exclusivement française, juger l'une et l'autre selon ses mérites. Cet examen demandait d'assez longues recherches. Les archives de la Normandie, et plus particulièrement les registres de la comptabilité du cardinal d'Amboise, m'ont permis d'étayer mon argumentation sur des preuves prises en dehors de l'activité de la cour de France, j'entends dans l'essor donné par le grand ministre de Louis XII à toute la province, témoin de son luxe et de ses goûts vraiment royaux.

Mais les témoignages littéraires ne pouvaient suffire. Je me suis mis à la poursuite des monuments. Ici les recherches sont lentes, difficiles, ingrates. Ne l'oublions pas, l'art italien fut un moment l'idole de la nation, et tandis qu'on l'adorait par une imitation servile, l'art français dans ses productions originales tombait tous les jours en discrédit. On ne détruisit pas, mais on laissa se perdre des tableaux précieux, relégués au grenier, et des sculptures naïves, descendues à la cave. Lorsque les protestants saccagèrent nos églises, ils portèrent, il est vrai, indistinctement leurs coups sur tous les objets d'art, mais parmi les blessés de leur rage, on ne releva que les productions italiennes, le reste ne semblait pas alors valoir les frais d'une restauration coûteuse. Cette terrible crise anéantit l'art français et dans ses œuvres qu'elle détruisit et dans ses artistes qu'elle dispersa.

Au retour de la tranquillité, il se forma en France, comme dans les Flandres, une nouvelle école sous l'influence indirecte de l'éclectisme d'Annibal Carrache, et les artistes eux-mêmes purent croire que l'école française datait de ce nouveau point de départ, tant était dévasté et vide le champ qu'ils défrichèrent. Les écrivains se laissèrent tromper plus facilement encore par cette illusion, et si tous les ouvrages publiés sur les arts depuis deux cents ans ont présenté des systèmes variés, et les appréciations les plus opposées, ils s'accordent sur ce point, c'est qu'il n'a pas existé d'art en France avant Vouet, Poussin et Lebrun.

On serait coupable de laisser se perpétuer plus longtemps cette erreur, et j'ai cru que je lui porterais le plus rude coup en donnant à des assertions contraires l'autorité de documents authentiques et d'un ouvrage d'érudition. Voici quelle a été la marche de mes travaux :

1° J'ai recherché, dans tous nos dépôts publics, les comptes et inventaires royaux, les marchés passés avec des artistes, leurs quittances, correspondances, etc. ; j'ai formé un tableau général de tous ces documents, avec leurs titres, l'indication de leur contenu, et la marque exacte qui permet au lecteur de les retrouver dans chacun des dépôts qui les conservent.

2° J'ai lu tous ces documents, afin d'avoir la conscience de ne rien omettre d'intéressant, au moins dans les limites du cadre que je me suis fixé ;

3° J'ai extrait avec soin tout ce qui intéresse les arts, les lettres et les mœurs (sur ce dernier point avec une certaine mesure);

4° J'ai distribué méthodiquement tous ces renseignements dans une suite de chapitres afin d'en faire ressortir l'intérêt et d'en augmenter l'utilité.

Mon désir eût été d'exécuter ce programme dans un temps plus court et d'en exposer les résultats dans un plus petit volume, mais malgré mon zèle, il m'a fallu plusieurs années de travail, et, en dépit du soin que j'ai eu d'éliminer les appréciations vagues, j'ai eu besoin de quatre tomes. On me les pardonnera si l'on veut bien lire les sommaires des chapitres et considérer qu'ils renferment tous des documents entièrement inédits et des ressources inattendues pour l'histoire de l'art en France.

4. Benvenuto Cellini. Quelle a été son influence en France; appréciation de son talent.

5. Orfèvres du roi en titre d'office. Orfèvres hors d'office et employés accidentellement.

6. Inventaires de joyaux et de meubles.

7. La monnaie et les graveurs de médailles.

8 Les fondeurs français et les fontes de François Ier.

9. Jerome della Robbia et les della Robbia.

10. Bernard Palissy, ses neveux et ses imitateurs.

11. Les graveurs pour l'orfèvrerie et les graveurs d'estampes.

12. La chambre des singularités, la salle, le cabinet et le magasin des antiques, les tableaux, sculptures et joyaux exposés dans les appartements, origine des musées royaux.

TOME TROISIÈME.

Architecture.

1. Maîtres des œuvres royaux et architectes du roi en titre d'office.

2. Architectes hors d'office, employés accidentellement.

3. Considérations sur la renaissance française dans ses rapports avec la renaissance italienne.

4. Etude sur Fontainebleau, architecture et ornementation.

5. Influence et supériorité de la cour de France. Examen des efforts tentés par la noblesse et par quelques parvenus de la bourgeoisie, pour transporter en province les arts, les modes et le luxe de la cour.

6. L'influence du cardinal d'Amboise et les travaux du Château de Gaillon étudiés dans l'essor qu'ils donnent à la renaissance française en Normandie.

7. Dépouillement des comptes des d'Amboise pour les dépenses faites au Château de Gaillon, à l'archevêché de

Rouen et dans la cathédrale, depuis l'année 1494 jusqu'en 1545 [1].

8. Dépouillement des comptes de la fabrique de la cathédrale de Rouen, depuis l'année 1475 jusqu'en 1537 [2]. Ses architectes depuis sa fondation, ses peintres, ses sculptures, etc.

9. Dépouillement des comptes de la fabrique de Saint-Ouen, depuis 1467 jusqu'en 1621 [3].

10. Dépouillement des comptes de la fabrique de Saint-Maclou [4], pour les travaux exécutés dans l'église et dans le cimetière, de 1463 à 1589.

TOME QUATRIÈME.

Mélanges.

1. Les mœurs de la Cour, reflet épuré des mœurs de la nation.

2. Anciens usages conservés, nouveaux usages introduits.

3. Le costume, la coëffure, la mode.

4. Les ustensiles et les meubles.

5. Les poëtes, les traducteurs, les bibliothécaires, le langage de la Cour.

6. Les fêtes et les mascarades.

7. Les comédiens et les musiciens.

8. Les fous, les nains, les filles de joïe suyvant la Cour.

9. Les ménageries et les animaux féroces, les petits chiens et les petits oiseaux.

---

1. Les années 1510, 1512 et 1526 à 1532 manquent.

2. Il manque, ou je n'ai pu trouver, les registres des années : 1481, 1482, 1486, 1491, 1494, 1495, 1496, 1503, 1510, 1514, 1515, 1516, 1517, 1518, 1519, 1522.

3. Cette comptabilité se réduit aux registres des années : 1467, 1468, 1469, 1473, 1478, 1509, 1511, 1621.

4. Cette collection si précieuse pour l'histoire de la renaissance en Normandie et les débuts de Jean Goujon, est défectueuse pour les années : 1437, 1438, 1439, 1440, 1441, 1442, 1444, 1446 à 1475, 1480 à 1514, 1524, 1525, 1530, 1531, 1532, 1536, 1537, 1542 à 1552, 1557, 1558, 1559, 1570, 1571, 1576, 1577, 1579 à 1583, 1586, 1587, 1588.

10. Les tapissiers de haute lisse et les brodeurs.

11. Les offrandes et les aumônes de la royauté.

12. Les obsèques royales et l'effigie du mort.

13. Les monuments détruits en France ou perdus pour la France.

14. Les mémoires du temps, et les ouvrages imprimés. Citations discutées.

15. Tableau général et méthodique de tous les documents conservés dans nos dépôts, tant de ceux que l'auteur a cités, que de ceux qui, sans lui offrir de ressources, pourront être utiles pour des travaux de même nature.

16. La table générale.

Ces quatre volumes ainsi composés, quelque bien remplis qu'ils soient, ne présentent pas le récit suivi et le tableau complet de la renaissance des arts en France, tels qu'ils devront être tracés pour plaire au public, mais aux yeux de quelques érudits ils auront autant de mérite et pour les esprits sérieux une plus réelle utilité. C'est pour ce cercle restreint que j'écris. Dans les temps de désordre où nous vivons, au milieu de la réorganisation précaire de la société, les arts ont si peu de valeur, ils tiennent une place si minime dans les préoccupations publiques, qu'on leur donne pour juges le premier oisif venu et pour historien celui qui rajeunit du ton le plus tranchant des redites usées. Il fait bon alors de se tenir à l'écart, de s'entretenir tout bas, au milieu d'amis bien intimes, de ces chères poursuites, la consolation dans les temps malheureux, le bonheur dans les temps prospères. Cent et quelques exemplaires de cet ouvrage m'ont paru suffire à ce public, je dirai mieux, à ces amis. Je confie mon livre à leur amour des arts et à ces goûts distingués qui remplissent si bien le cœur qu'ils n'y laissent place pour aucun sentiment envieux. Accueilli par leur bienveillance, il se réfugiera dans le sanctuaire de leurs études consciencieuses, à l'abri des grands entrepreneurs de science archéologique. Ce noble asile fera sa réputation, il est toute mon ambition.

LES TROIS CLOUET

DITS JANET.

JEAN CLOUET PÈRE.

1420 — 1490.

L'histoire des arts en France et plus particulièrement l'histoire de notre ancienne école de peinture est entièrement à faire. Je n'en donnerai pour
preuve que les catalogues de vente qui se publient
tous les jours et qui attribuent à François Clouet, dit
Janet, tous les portraits qui ont été peints de ce
côté du Rhin et des Alpes, depuis François Ier enfant,
en 1500, jusqu'aux personnages de la cour de
Louis XIII en 1620, c'est-à-dire dans un espace de
temps comblé à peine par quatre générations de
peintres. Si Messieurs les experts patentés étaient
seuls coupables de cette confusion, je n'en tirerais
aucune conséquence, la salle des commissaires-pri-
seurs ayant ses immunités et ses exigences; mais le
musée du Louvre, qui devrait servir de guide au
plus grand nombre, met à tort et à travers sous les
œuvres les plus disparates, le nom de Janet accolé
à celui des personnages qui sont le moins contemporains [1] ; M. Niel, l'auteur d'un très-bon recueil de
crayons, et qui montre dans ses notices la passion

---

1. Ceci est écrit depuis quatre ans, et était encore juste il y a peu de jours, au
moment où les galeries ont été fermées. Mais un nouveau classement se prépare, et,
bien que j'ignore quelles sont les intentions de l'administration, je ne doute pas que
cette partie si intéressante de notre collection ne subisse, comme toutes les autres,
d'importantes modifications.

de l'artiste alliée à la critique étendue du vrai connaisseur, n'en sait pas plus à cet égard que M. Feuillet de Conches qui., de son côté, cherche avec un zèle louable à porter quelque lumière dans nos collections de portraits historiques. Ils s'efforcent tous les deux de rapporter à un seul Janet ce qui appartient à trois peintres du même nom, tant il est vrai que c'est le droit, au moins l'habitude des grands hommes, de tirer ainsi à eux la couverture des hauts faits, des bons mots et des meilleurs tableaux. Avec Hercule et le prince de Talleyrand, Janet partage cette tyrannie de l'accaparement. Luttons contre elle; et puisque la critique, avec ses règles sages, a été donnée au xixᵉ siècle en compensation du génie qui lui est refusé, usons-en pour établir sur une base sérieuse les fondements historiques de notre école de peinture.

On concevrait, au reste, au sujet des Janet, l'ignorance dans laquelle on se complaît, s'il s'agissait de peintres médiocres ou de célébrités de second ordre; mais chacun sait que ces grands artistes font la gloire de notre école, et que Jean Clouet, le second des Janet, peut être placé sans désavantage à côté d'un homme de la taille de Jean Holbein; enfin on n'ignore pas qu'au milieu du xviᵉ siècle, après que Léonard de Vinci, Andrea del Sarto et le Primatice avaient montré en France ce que peut la puissance du génie associé à la hardiesse de l'exécution, Français Clouet, le troisième des Janet, avec sa manière simple et son faire précieux, était encore admiré de tous, recherché par nos rois, chanté par Ronsard et sa pléiade.

Dès le XVIIe siècle, un nuage avait passé sur cette célébrité, non pour l'obscurcir, mais pour la couvrir de ce vague légendaire qui semble appartenir seulement aux artistes d'une antiquité reculée.

L'abbé de Marolles, ce passionné collecteur, qui en 1666 avait une collection de 123,400 estampes[1]; et en 1672, six ans après, pouvait présenter au public une nouvelle collection non moins nombreuse et qui comptait 10,500 dessins[2]; l'abbé de Marolles qui promettait alors un ouvrage dans lequel il écrirait la vie et décrirait les œuvres *de huit mille personnes de diverses nations qui ont excellé en l'art de portraiture, de peinture et de sculpture;* l'abbé de Marolles, moins habile érudit que collecteur heureux, ne connaissait qu'un seul Janet, le troisième, qu'il élève, il est vrai, à la hauteur et au rang qui lui appartiennent[3], mais qu'il confond avec les deux autres.

Mariette, le meilleur connaisseur de son temps et

1. « J'ay recueilly cent vingt-trois mille quatre cent pièces, de plus de six mille maistres, en quatre cent grans volumes, sans parler des petits qui sont au nombre de plus de six vingts. » Page 15 du Catalogue de livres, d'estampes et de figures en taille douce. Paris, in-4o, 1666.

2. Voir le Catalogue de livres d'estampes et de figures en taille douce fait à Paris en l'année 1672, par M. de Marolles, abbé de Villeloin. Paris, in-12, 1672.

3. « Il y a beaucoup de dessins en crayon de la vieille cour et particulièrement des règnes de Henry II et de ses enfans, de la main de François Janet, ce peintre si fameux qu'a tant célébré dans ses vers le poëte Ronsard, parmi plusieurs autres où il s'en voit aussi des ducs de Bourgongne vestus et dépeints d'une manière antique. » Page 5 du Catalogue de 1672.

qui sera longtemps le modèle des vrais amateurs,
était pour ainsi dire obligé de connaître les Janet,
et pour se guider dans ses acquisitions et pour guider les autres, soit dans les notices qu'il ajoutait à
l'Abecedario pittorico [1], soit dans les notes dont il en-
richissait le guide des étrangers dans Paris, par Gar-
main Brice. Que nous révèle Mariette? rien, si ce
n'est l'ignorance profonde dans laquelle on était
tombé sur ce point particulier de l'histoire de notre
école de peinture [2].

M. Alexandre Lenoir, (je prends ainsi en suivant l'ordre des temps et du mérite, les trois
hommes qui, avec le plus de passion pour les arts,
pour les collections, pour les recherches érudites,
ont été le plus à portée de voir, d'acquérir, et de
savoir [3]), M. Lenoir avait réuni un grand nombre

1. *L'Abcedario pittorico*, dall' autore ristampato. Bologna, in-4o, 1719. On sait
que Mariette avait interfolié son exemplaire pour y ajouter des notices et en faire la
base d'un dictionnaire des artistes. Ce travail n'était pas très-avancé, mais ses rares
notices ont, dans leur concision, une autorité et un nerf qui supposent beaucoup de
connaissances et assez de recherches. Ce volume se trouve à la Bibliothèque nationale, cabinet des Estampes.
2. L'Abecedario s'exprimait ainsi en copiant Félibien : « Janet fu pittore del Re
Francesco I et II, dipinse a Fontanablo varj ritratti tra i quàli veggonsi quelli dei
suoi due monarchi; era excelente ancora in miniature. » Mariette ajoute : « Janet :
Son nom était François Clouet et Janet son surnom. Sur sa médaille que j'ai, il est
nommé JEHANNET CLOVET PICTOR FRANC. REGIS. et il faut s'en tenir là. »
3. J'aurais cité Félibien si j'avais voulu citer tout le monde. L'estimable auteur des
Entretiens sur la vie des peintres, dont la première édition parut in-4o en 1666, était
lié avec Le Poussin, qu'il connut à Rome en 1647; il a beaucoup cherché avant de
publier son ouvrage, et cependant voici tout ce qu'il a trouvé sur le compte des Clouet
avant l'incendie des archives de la Cour des comptes, avant les pillages de 93, avant la
vente au poids des comptes royaux, vente frauduleuse qui s'est faite en plein midi il y
a peu d'années : « Il y avoit encore alors Janet, qui faisoit fort bien les portraits. On voit à
Fontainebleau les portraits qu'il a faits de François I et de François II, et dans la
bibliothèque de M. le président De Thou, il y en avoit plusieurs des principaux seigneurs qui vivoient en ce temps-là. Il travailloit également bien en huile et en miniature. » Tome III, p. 118, éd. in-12.

de peintures, de miniatures, de crayons et d'émaux [1],
et il attribue le tout à un Janet [2], sans s'arrêter aux
époques diverses où vivaient les personnages représentés dans ces portraits, sans tenir compte des
manières de peindre qui trahissent des mains différentes.

Citerai-je ensuite l'article de Clouet dans le Dictionnaire des artistes de M. Nagler [3], et m'étonnerai-je
des quatre petites lignes consacrées à ce peintre distingué dans un ouvrage qui n'aura pas moins de
vingt-cinq volumes? Non, sans doute; l'ignorance de
M. Nagler, à ce point saillant et important de l'histoire de notre école, n'est pas plus condamnable que
celle dont font preuve MM. Waagen [4], Passavant [5] et
Kugler [6] dans leurs excellents ouvrages. Il appartient

1. M. Lenoir semble avoir eu dans les mains deux collections de portraits attribués
à Janet ; l'une, qui lui appartenait, figure sur son catalogue de vente et a passé des
mains du marchand d'estampes Colnaghi dans l'admirable hôtel du duc de Sutherland à Londres (j'en parle plus loin); l'autre, qui provenait des confiscations révolu-
tionnaires de 1793 et qu'il envoya au Louvre, n'est décrite nulle part et semble avoir
été nombreuse. (Voir à la fin de cette Notice plus de détails.)

2. « Janet, peintre de portrait, particulièrement attaché à la cour de Henry II et
à celle des rois ses fils. » Tome IV, p. 84.

3. Nagler : *Neues Allgemeines Künstlerlexicon.* München, in-8°, 1835-1850.

4. François Clouet, dit *Janet*, florissait de 1540 à 1560. *Kunstwerke und Künstler
in Paris*, von Dr G. P. Waagen. Berlin, in-12, 1839, p. 638.

5. Passavant : *Kunstreise durch England und Belgien*, Frankfurt, in-8°, 1833. Il décrit les tableaux du château d'Althorp, et dit des portraits de Janet : « Es sind dieses zwar
interessante Portraite und nicht ohne eine gewisse Feinheit in der Ausführung, doch
ohne tiefe Auffassung. » Si ces portraits manquent de profondeur dans le sentiment,
ils ne sont pas de Jean Clouet, mais il ne faut pas attacher beaucoup d'importance à
cette observation; M. Passavant, lors de son voyage à Paris, a mieux apprécié les
qualités et les mérites des peintres français du xvie siècle. Dans ce premier voyage en
Angleterre, il ne les connaissait que par les préventions qui ont cours en Allemagne.

6. D. F. Kugler : *Handbuch der Geschichte der Malerei.* Berlin, in-8°, 1847, t. II,
p. 332. L'estimable auteur de cet ouvrage a fort bien résumé en deux volumes toute
l'histoire de la peinture, mais il ne pouvait tout dire dans ce petit espace, comme il
n'a pu tout voir dans ce vaste domaine. Il semble ne connaître l'école française que
par l'ouvrage de M. Waagen cité plus haut.

à chaque nation de fournir sur ses propres artistes
des renseignements positifs qui permettent à l'historien d'appuyer sur des faits ses conjectures, ses appréciations, ses rapprochements, et de former avec
la foule des esquisses partielles, faites sur place, le
tableau d'ensemble qu'il résume dans son cabinet.

Dans l'histoire de l'art, les généralités ne sont
plus permises, on en a abusé; les phrases sont
faites et toutes faites, Dieu le sait. Que reste-t-il à
faire? des recherches sérieuses et de détail pour
donner à chaque assertion son caractère, à chaque
figure sa physionomie, à chaque homme sa place.

Parler des Janet, chercher la source de leur talent
et définir leur manière, c'est remonter aux origines
de notre école de peinture et en tracer non pas les
premiers commencements, mais les plus brillants
progrès.

La France n'a eu que passagèrement au XIIIᵉ siècle
ce don créateur qui dans les arts constitue une grande
influence et qui forme pour l'histoire ce qu'on appelle
une école. L'Orient, la Grèce et l'Italie ont été le
berceau et conserveront le privilége de cette puissance créatrice qui semble une émanation du soleil
et s'entretenir à travers les générations dans la cha-
leur fécondante de ses rayons. Mais en dehors et à
côté de ces grandes facultés existe un don plus modeste, des qualités exquises et rares, auxquelles les
Flandres ont dû la puissance de faire une révolution
dans les arts à la fin du XIVᵉ siècle, et qui ont permis

à la France d'abord, à l'Allemagne ensuite, à l'Espagne en dernier lieu et à l'Angleterre presque de nos jours, de se former une manière, de se créer une école; manière, école, que le génie des arts n'a pas inspirées, mais qui sont pour chacune de ces nations comme l'émanation de leur nature et comme l'expression, dans un idiome particulier, des sentiments et des instincts qui leur sont propres. En un mot, c'est pour chacun de ces pays un langage national, ayant plus ou moins de force, se prêtant dans une certaine mesure à l'éloquence, et suffisant au moins à chaque peuple pour se comprendre lui-même.

Les qualités qui distinguent la France sont la clarté en tout, dans le coloris comme dans le dessin, dans l'effet comme dans la composition; la poésie fait place à l'imitation positive, et donne en compensation la grâce et quelquefois la vie. L'Allemagne cherche le sentiment, et quand elle ne le trouve pas, elle l'exagère, cachant sous une naïveté étudiée beaucoup de prétentions impuissantes. En Espagne, l'art a un beau parler, entaché toutefois d'idiotismes flamands et italiens. Quant à l'Angleterre, la langue des arts y est aristocratique comme ses habitudes, dégingandée comme ses habits et ses tournures, et je ne sais vraiment où ses peintres ont cherché, où ils ont parfois trouvé la couleur. L'espace me manquerait pour rechercher en dehors de l'Italie, et à ce second rang dans l'histoire de l'art, les grands efforts isolés, les

succès partiels des différentes écoles (si école il y a).
Voyons, en peu de mots, au milieu de quelles circonstances la France forma la sienne. Raconter ses
plus éclatants succès, ce sera parler des Janet.

Une étude patiente, guidée par une critique sévère, prouve, sans contestation possible, que la
France surpassait au XIIIe siècle toutes les autres nations dans la pratique des arts : achitecture, sculpture, peinture, vitraux, émaux, orfévrerie ; nous
n'avions de rivaux qu'en Italie et de maîtres qu'en
Grèce, où se conservaient, au moins dans la pratique,
les grands errements de l'antiquité. Cette assertion
n'est pas une vaine prétention patriotique, c'est un
fait que prouvent les monuments de cette époque et
qu'atteste le témoignage des contemporains. Pour ne
parler que de la peinture, nous dirons que, soit par
le concours des artistes étrangers attirés par le luxe
de nos cours et la générosité de nos rois et de nos
princes, de nos seigneurs et de nos abbayes, soit par
le talent de nos artistes nationaux, elle avait atteint
dans tous les genres une perfection remarquable,
perfection relative sans doute, mais qui n'en est pas
moins un titre de gloire, et dans l'histoire des arts un
fait notable. Le caractère de cette peinture, en laissant de côté l'influence byzantine dont elle était encore entachée au XIIIe siècle, était la force, l'abondance, l'entente générale de la composition, une
grande finesse dans les expressions, une netteté remarquable d'exécution. Un siècle plus tard, l'in-

fluence byzantine disparaît, l'imitation du type français prend le dessus, l'étude du corps s'est améliorée,
et cependant les attitudes et les tournures ont conservé de la simplicité, de la grandeur. La couleur,
dans sa vigueur et dans son harmonie, a un caractère particulier de clarté argentine qu'il importe de
distinguer, parce qu'il permet d'établir une ligne
de démarcation précise entre l'art français et l'art
de nos habiles voisins, bientôt nos rivaux, les Flamands. Parcourez nos anciens musées de peinture,
j'entends nos églises à verrières et nos manuscrits
à miniatures, les révolutions du goût et de la politique ne nous ont laissé que ceux-là, et vous serez
saisis par cette physionomie française, par cette
différence caractéristique.

C'est aux frères Van Eyck que nous dûmes de sortir entièrement des voies conventionnelles. Guidés
par ces puissants talents, nous adoptâmes leur prin-
cipe, l'imitation de la nature et leurs moyens matériels si habilement perfectionnés, la peinture à l'huile.
Les Flandres étaient alors, par le voisinage, par la
parenté de leurs souverains et des nôtres, tout aussi
françaises que la France, plus françaises que la Bretagne et la Guienne. Leur industrie merveilleuse,
leurs richesses exubérantes, le luxe de leurs princes
et les malheurs qui bientôt frappèrent la France,
durent rendre plus puissante encore cette influence. D'ailleurs, à la fin du XIVᵉ siècle, où trouver d'autres modèles? L'Italie sommeillait encore

au milieu des trésors amoncelés par l'antiquité ;
l'Espagne, l'Allemagne et l'Angleterre n'avaient pas
un artiste de valeur ; nous suivîmes les Flamands
dans leur résurrection surprenante, mais nous les
suivîmes en faisant quelques réserves qui nous
permirent de rester Français dans nos imitations.
Copier la nature, la prendre sur le fait, c'était pour
nos voisins reproduire un type un peu court, un
peu rougeaud, un peu vulgaire ; appliquer ce prin-
cipe en France, c'était, même dans le système
d'imitation servile, rendre un type plus élancé
de forme, des carnations plus mates de ton, une
nature en un mot plus pure et plus noble. Si vous
ajoutez à cette différence matérielle, une disposition particulière à rechercher l'élégance, une ten-
dance attique dont je ne recherche pas ici l'origine, dont je constate le pouvoir sur nos goûts, à
travers les siècles, vous aurez l'explication et la
mesure de ce que fut l'art français au milieu de l'influence flamande.

Dans ce premier moment d'engouement général,
les élèves des Van Eyck vinrent en France avec
leurs tableaux ; on achetait ceux-ci, on enrôla
bientôt ceux-là ; nos rois et nos princes eurent des
artistes flamands attachés à leur personne, compo-
sant pour eux des tableaux d'église, des cartons de
verrières et de tapisseries, peignant leurs portraits,
illuminant leurs manuscrits.

Il faut placer à cette époque l'arrivée en France

du peintre Jean Clouet, qui signait encore en 1475
la quittance suivante pour travaux commandés par
le duc de Bourgogne [1] :

« Nous Jehan Cloet painctre, Henry Bonem charpentier et huchier, demourans à Brouxelles, con-
fessons avoir receu la somme de trente sept livres
quatre sols qui deue nous estoit pour plusieurs parties par nous faictes, vendues et livrées en ce présent mois de septembre, assavoir : à moy, ledit
Jehan Cloet pour la paincture de vint six pans de
paveillons, où a eu chacun pant, deux fenestres
atraillé de rubans que icellui a fait faire par un Italien, assavoir pour la poincture desdites fenestres,
painctes à deux lez dedans et dehors et chacun pan
une creste de fin or et deux ymages de sains, ar-
moyez aux armes de mondit seigneur de ses pays et
de plusieurs autres ses alyés, au pris de vingt
quatre sols — chaque fenestre, par marchié fait
avec moy par ledit receveur de l'artillerie en la présence de Jehan Hannekart, painctre de mondit seigneur, qui a veu et visité l'ouvrage, ensemble une
teste dorée à quatre fusils d'or montés et qu'il m'a
esté payé comptant XXXI liv. un sol — le IVe jour
de septembre, l'an mil CCCC LXXV. »

Je suppose que ce peintre, établi à Tours, centre

---

1. Je passe rapidement sur les circonstances qui entourent la vie de ce peintre, je renvoie à l'Histoire des ducs de Bourgogne où cette quittance a déjà paru avec des renseignements sur le peintre Hennecart, et un ensemble de recherches sur les arts au xve siècle. Dans cet ouvrage la quittance de Cloet porte le numéro 4044.

actif de la France, véritable capitale de la cour, partagea avec ses compatriotes la protection que les artistes italiens sollicitaient déjà, mais qu'ils n'obtenaient que rarement. Vers 1485, ce Jean Clouet eut un fils qu'il appela comme lui Jean, et auquel il transmit son talent, plus de talent qu'il n'en avait lui-même, et je ne sais quel sentiment superstitieux de fidélité religieuse aux traditions nationales. Peut-être que l'élève de la grande école des Van Eyck aura appelé son fils à son lit de mort pour lui demander ce serment. Quoi qu'il en soit, le jeune Jean Clouet ne dévia pas des errements paternels, et cependant il était peintre du roi François Ier en 1528, en pleine renaissance italienne.

JEAN CLOUET FILS.

1485 — 1545.

Si vous ouvrez le compte des dépenses royales pour l'année 1523, vous trouverez dans la liste sommaire des officiers de la cour, l'article suivant :

« A Jehannot Clouet paintre — 40 livres. »

Voici le titre de ce compte et l'article plus détaillé qui concerne Jean Clouet :

« Copie du Rolle et estat des officiers de l'hostel du roy pour l'année commençant le premier jour de janvier mil v^e vingt deux et finissant le dernier jour de décembre ensuivant mil v^e vingt trois [1].

« A Jehan Clouet, paintre, et varlet de chambre ordinaire du Roy pareille somme de deux cens quarente livres tournois, a luy ordonnée par ledit seigneur et son dit estat pour ses gaiges de l'année escheue le dernier jour de décembre mil v^e vingt trois. »

Ainsi Jehan Clouet était, suivant cet acte, peintre du roi dès le mois de janvier 1523, et si, dans le

---

1. Pour éviter les notes et les renvois, je n'indiquerai pas les numéros de la Bibliothèque nationale ou des Grandes Archives sous lesquels sont placés ces documents ; mais comme on trouvera à la fin de cet ouvrage le catalogue général des pièces, actes et documents que j'ai recueillis et extraits, rien ne sera plus facile que d'y recourir.

progrès de mes recherches, je parviens à trouver la
date précise et l'ordonnance de sa nomination, elles
ne reporteront pas beaucoup plus haut son entrée
dans une charge qu'occupait encore en 1513 le
peintre Jehan Bourdichon auquel il succéda, devenant ainsi et avec égalité de traitement le collègue
de Jean Perreal dit de Paris [1]. Il fallait qu'il jouît déjà
d'une grande réputation pour qu'on le nommât à cet
emploi, et qu'il se fût acquis par ses manières et son
savoir-faire une certaine faveur pour obtenir le titre
de valet de chambre, titre sans fonction qu'on am-
bitionnait parce qu'il permettait d'approcher et de
suivre le roi.

Peintre en titre, Jean Clouet devait faire tous les
portraits officiels ; je crains que les pourtraictures [2]
non déclarées, mais payées par les articles suivants, n'aient un caractère plus officieux qu'officiel, plus mystérieux que public.

« A maistre Jannet Clouet painctre et varlet de
chambre ordinaire du Roy nostre dit seigneur, la
somme de cent deux livres dix sols tournois pour
la valleur de cinquante escuz d'or solleil a xli s.
pièce, a lui ordonnée par ledit seigneur sur plus
grande somme qui luy a esté deu pour plusieurs ou-

---

1. Voir pour ces artistes le chapitre suivant, intitulé : *Peintres en titre d'office.*
2. « Dans la portraiture, écrivait Corneille, il n'est pas question si un visage est
beau, mais s'il ressemble. » Voltaire commente : « PORTRAITURE, est un mot suranné
et c'est dommage; il est nécessaire : portraiture signifie l'art de faire ressembler ; on
emploie aujourd'hui portrait pour exprimer l'art et la chose. PORTRAIRE est encore
un mot nécessaire que nous avons abandonné. » Il y a pour les mots comme pour les
modes un va-et-vient continuel. Nous reprenons le vieux, c'est faire du neuf.

vraiges et pourtraictures qu'il a cy-devant faictes de
son mestier et faict encores présentement pour le service dudict seigneur et desquelz ouvraiges et pourtraictures ledit seigneur na voulleu estre cy autrement declairées ne spéciffiées. De laquelle somme
de Cij liv. v s. ledit tresorier a faict payement audit maistre Jehannet Clouet — le seiziesme jour de
janvier l'an mil cinq cens vingt huit. » (1529.)

Je laisse de côté toutes les suppositions autorisées
par ce mystère, je remarque seulement les variations de nom de baptême de Clouet ; là Jehannot,
ici Jehannet. Nous allons voir disparaître le nom de
Clouet et se former définitivement ce sobriquet qui
nous poursuit encore, ce Clouet dit Janet.

« A maistre Jehannet, l'un des painctres du
Roy N. S. pour plusieurs portraicts et effigiees au
vif qu'il a faictes pour le service dudict seigneur et
selon le devis et ordonnance dudit S. — xli liv.

« Et xli liv. à Loys du Moulin qu'il a payées de
ses deniers pour ses postes et sallaires d'un voyaige
par luy faict en dilligence et sur chevaulx de poste,
en ce present moys de mars, partant de Bloys,
allant à Paris quérir lesdits portraicts dessusdicts
qu'il a apportez audit seigneur, audit Bloys, en
semblable diligence. 28 mars 1528. » (1529.)

Qu'avaient de si pressé ces portraits pour qu'on
les envoyât chercher, de Blois à Paris, *en dilligence et
sur chevaulx de poste ?* Le roi aurait été fort attrapé
si nous avions dû le savoir.

Huit ans avaient suffi pour changer le nom du peintre favori et le faire connaître sous un petit nom qui de Jehan Clouet devient Jehannet Clouet, puis plus familièrement encore, Jehannet et Jannet tout court. Cette vieille habitude du moyen âge d'abréger les noms était devenue très-populaire au xve siècle et elle s'était conservée au xvie. Pour ne prendre qu'un exemple contemporain de Jean Clouet, rappelons-nous que Jean Desmarets devint célèbre sous le nom de Jean Marot, qui servait à le désigner, à la cour de François Ier, parmi les *varlets de garde-robbe*.

Le 16 janvier 1529, c'est-à-dire au commencement de l'année 1530 (l'année commençait encore à Pâques), Jean Clouet touche, de la main des trésoriers royaux, la somme de 102 livres 10 sols tournois, puis 41 livres, et cela en plus de ses gages annuels. Voici comment est rédigé l'article de ses gages :

« Coppie du roolle et estat des officiers de l'hostel du Roy pour l'année commençant le premier jour de janvier mil cinq cens vingt huict et fénissant le dernier jour de décembre mil cinq cens vingt-neuf. »

Je n'ai rien trouvé à l'article Vallets de chambre, mais au folio cvi, je lis sous cette rubrique : PAINTRES ET GENS DE MESTIER :

« A Jehannot Clouet, paintre et vallet de chambre ordinaire du Roy, NDS. la somme de deux cens

quarente livres tournoys à luy pareillement ordonnée par icellui seigneur et sondit estat pour ses
gaiges de paintre de ceste présente année finye le
dernier jour de décembre mil cinq cens vingt-neuf. »
(19 sept. 1529.)

Je puis suivre ainsi Clouet dans les comptes
royaux jusqu'en 1536 :

PAINCTRES ET GENS DE MESTIER.

« Jehannot Clouet, painctre du Roy NDS., la
somme de ij^c xl livres a lui ordonnée par ledit S.
pour ses gaiges par lui deservis durant l'année
commencée le premier janvier mil v^c xxxiiij et finie
le dernier jour de décembre mil v^c xxxv, laquelle
somme ledit commis a payé audict Clouet. ».

Le nom de Jehannet substitué à Jehan se retrouve sur la médaille que j'ai citée : JEHANNET
CLOVET PICTOR FRANC.REGIS.

Nous n'avons jusqu'à présent que bien peu de
ressources pour définir la manière et apprécier le
talent d'un peintre qui par sa position seule a droit
à des égards. Mais que ne devons-nous pas attendre
du concours des amateurs quand nous faisons appel
à leurs connaissances en donnant à leur critique
des bases fixes et certaines! Maintenant que nous
connaissons les limites de l'activité de tous les
peintres de la cour depuis le XIIIe siècle jusqu'à nos
jours, sera-t-il si difficile d'attribuer à chacun,
avec quelque certitude, les productions qui ren-

traient pour ainsi dire forcément dans leur domaine?

Je me contenterai ici d'attirer l'attention des con-
naisseurs sur deux portraits de François Ier par Jean
Clouet, l'un à cheval, de petite dimension, l'autre
en buste, grand comme nature. Ils nous suffiront
pour caractériser la manière de peindre et le talent
de cet artiste. Le portrait à cheval représente le
roi à l'âge de 30 ans; le portrait en buste doit être
postérieur de 3 ou 4 ans, c'est-à-dire que l'un a
été peint vers 1524, l'autre vers 1528.

François Ier est à cheval, couvert de son armure
de guerre, la tête coiffée d'une toque à plume, une
masse d'armes dorée à la main droite; il tient les
guides de son cheval qui piaffe sous son noble ca-
valier en marchant vers la gauche. L'armure en fer
damasquinée en argent, le harnachement du cheval
en rouge, le cheval gris à crinière noire, race espa-
gnole. A droite, un arc de triomphe; pour fond,
un paysage. Haut. 32 cent. Larg. 26.

Ce tableau est placé dans la galerie de Florence
sous le nom de Jean Holbein; nous expliquerons
plus loin l'origine de cette erreur et la raison de sa
persistance. C'est une délicieuse peinture française,
toute flamande encore dans sa vérité, dans sa minutie, un peu gothique aussi dans sa silhouette de
bas-relief, mais vivante par l'observation heureuse,
la finesse habile des détails, l'éclat argentin du coloris et la simplicité de l'effet.

Ce portrait a été reproduit plusieurs fois dans l'atelier du maître, et l'une de ces répétitions s'est conservée dans la collection de M. Sauvageot, je pourrais dire dans son musée, si les dimensions du local et la modestie du savant propriétaire ne me défendaient toute autre désignation. La miniature sur vélin de grande dimension porte en général à la recherche et s'oppose à l'accentuation. Jean Clouet n'avait pas besoin d'être poussé dans ce sens ; mais, malgré ce défaut, on ne peut qu'admirer la finesse des traits de ce visage bien connu, l'habileté des détails, la savante anatomie du cheval, la vérité de sa tête, le feu de son œil [1]. Sans doute le peintre trahit dans ce travail, encore plus que dans son tableau à l'huile, l'école du miniaturiste dont il est sorti, mais on sent en lui l'étoffe d'un peintre.

L'autre portrait de François Ier est confondu aujourd'hui à Versailles dans la salle dite des Rois, au milieu d'une collection de caricatures royales sans noms. J'en ferai d'abord l'histoire.

Le père Pierre Dan eut vers 1640 l'heureuse idée d'entreprendre des recherches sur la construction et l'ornementation du château de Fontainebleau : «J'ay creu, dit-il dans sa préface, que le temps qui ronge toutes choses et qui bien souvent des plus superbes palais en fait des masures que la seule antiquité rend vénérables, en pourroit un jour faire de mesme

---

1. On remarque plusieurs changements dans cette copie. La robe du cheval n'est plus grise mais alezan clair ; François Ier a le casque en tête au lieu d'une toque, etc.

des bastimens de cette maison; » et il se mit à
l'œuvre avec un esprit critique fort recommandable
en tout temps et assez rare dans le sien [1].

Il s'attachait particulièrement aux traditions, se
fiait à elles et leur subordonnait son jugement après
les avoir recueillies avec soin. Voici comment il
s'exprime à la fin de son chapitre intitulé *du Pavil-
lon et cabinet des peintures* : « Là sont aussi les
portraits de François Ier et de François II, qui sont
de Janet, peintre fort renommé par la muse du
prince de nos poëtes. » (Ronsard, en marge.)

L'abbé Guilbert vint à la suite du père Dan, en
1731. Sa description n'a de valeur que par sa date;
elle nous permet de constater les changements sur-
venus dans le château et dans ses collections après
un siècle de quasi abandon. Le portrait de Janet
était resté en place; voici comment il le décrit :
« Dans le cabinet au-dessus de la porte en allant à
la chambre de la reine, le portrait original sur bois
de François Ier par Janet; il a trois pieds de haut
sur environ deux pieds de large [2]. »

Lorsque le roi Louis-Philippe eut l'heureuse idée
de compléter son grand musée historique de Versailles par une galerie de portraits, on retira des

1. Il habitait le château comme *supérieur du couvent de l'ordre de la Sainte-Tri-
nité et Rédemption des Captifs fondé au château de Fontainebleau*, et au retour de
ses voyages en Barbarie, il avait des loisirs; la rédemption, de son aveu même, trouvant fort peu d'assistance.

2. Description historique des château, bourg et forest de Fontainebleau, in-12,
2 volumes, 1731. Tome I, p. 159. Félibien dit à la même époque : « On voit à Fontainebleau le portrait qu'il a fait de François Ier. »

magasins le portrait de François Ier et on le plaça
dans la salle des Rois, en bien mauvaise compagnie
il est vrai (je parle des peintures), mais sans trop le
restaurer et en bon jour. Le livret se donna la peine
de prendre dans l'ouvrage du père Anselme, à l'article *François, premier du nom*, des extraits bio-
graphiques dont on se serait passé, et pour tout
renseignement sur l'origine, l'auteur et la prove-
nance dernière de cette curieuse peinture, il donna
l'indication suivante : *Portrait du temps*. Cette
désignation accompagne tant d'affreuses copies
modernes, qu'elle a perdu toute autorité ; j'ai dû
recourir à nos inventaires.

On lit dans l'inventaire des tableaux du roi,
dressé en 1709 par Bailly :

« Un tableau, manière inconnue, représentant le
portrait de François premier, à demi-corps, tenant
la garde de son épée d'une main et de l'autre un
gand, ayant de hauteur deux pieds dix pouces et
demi sur deux pieds deux pouces de large, peint
sur bois. Fontainebleau, cabinet doré. » Une note
au crayon porte : « Jean de Mabuse, voyés le registre du citoyen du Rameau. »

Ce registre est l'*inventaire des tableaux du cabinet
du roi, placés à la surintendance des bâtiments de Sa
Majesté, à Versailles*. Il fut dressé en 1784 par Louis-
Jacques du Rameau, qui était alors peintre ordinaire
du roi, membre de l'Académie et préposé à la garde
des tableaux. Il formait deux petits volumes in-4°

dont le premier est perdu, c'est-à-dire qu'il n'offre qu'une description très-abrégée. On lit à la fin du second volume sous le n° 458 et parmi les *auteurs inconnus* : « François Ier, vêtu dans le goût de son siècle. Hauteur, 3 pieds ; largeur, 2 pieds 4 pouces.» C'est bien le même tableau, et une main différente de celle de Rameau a écrit en marge au crayon : *Jean Mabuse.*

Je me figure que ces annotations marginales datent de l'Empire et sont dues à M. Denon, qui fit rédiger le grand inventaire des collections impériales, alors que le musée Napoléon se composait de ce qu'il y avait de plus beau dans les musées de l'Europe. On lit en effet à l'article GOSSART : « Jean surnommé Mabuse, de Maubeuge : 1964^{B}. Portrait à mi-corps de François Ier ; il a la main gauche appuyée sur le pommeau de son épée ; hauteur, 96 cent.; largeur, 73. Ancienne collection, estimé 1,000 fr. »

Denon avait rencontré en Belgique et en Allemagne les tableaux blafards de Jean de Maubeuge ; et comme le portrait de François Ier est peu coloré dans les chairs et vêtu de satin blanc, il se sera laissé entraîner à cette singulière attribution. Et cependant Mabuse ne fut célèbre dans son temps que parce qu'il avait entièrement dédaigné la peinture naïve et primitive qui fait le mérite de ce portrait ; son succès fut dans sa manière tout italienne, et il aurait été singulièrement inspiré, comme peintre

étranger, s'il fût venu importer à la cour de François Ier un style de peinture qu'on répudiait à Fontainebleau, et que le roi tolérait exceptionnellement
en faveur de son peintre et valet de chambre.

Ce portrait est pris de trois quarts, regardant à
droite ; la tête est coiffée d'une toque, le costume
est de satin gris-blanc brodé d'or ; le roi tient le
pommeau de son épée de sa main gauche et des
gants dans sa main droite. L'exécution est large et
timide à la fois ; on sent le miniaturiste qui a l'habitude de passer au carton sans s'arrêter à la peinture intermédiaire, qui est la véritable et sérieuse
peinture. Cette critique est la seule que je ferai ; elle
me permet désormais de louer presque tout : les contours, le modelé et la physionomie, si bien connus,
du visage de François Ier, l'exécution patiente des
détails, minutieuse dans le rendu des poils de la
barbe, des détails d'orfévrerie et de broderies,
l'exécution large des étoffes blanches et du fond de
cuir rougi sur lequel se détache la figure. Les mains
ont un mouvement naturel et une pose particulière
aux portraits de Jean Clouet, mais elles sont refaites. Cette peinture est bien conservée, quoique
restaurée en quelques endroits ; l'effet général est
satisfaisant, mais la figure est pâle et les yeux sont
morts. Le peintre n'est pas coupable de ce dernier
défaut. François Ier avait évidemment les yeux pin-
cés et le regard doux, couvert, un peu voilé.

Nous devons donc rendre ce portrait à Jean

Clouet. En 1529, Jean Bourdichon et Jean Pereal étaient morts ; lui seul était capable de peindre avec autant de talent et de rester aussi naïvement gothique.

Gothique, je l'ai dit ; le mot est lancé, je ne le retirerai pas. Quoi ! dira-t-on, François Ier aura gardé près de lui, comme peintre en titre d'office, un homme aussi arriéré ! Ce prince qui aimait l'art italien en dépit des tristes souvenirs que devait ranimer tout ce qu'envoyait l'Italie, ce protecteur des maîtres habiles de Rome et de Florence aura patiemment posé devant un Jeannet, mi-Flamand mi-Français ! Oui, sans doute, et j'étonnerai plus d'un amateur en lui apprenant que le grand roi, dans son insatiable curiosité, dans son goût pour la perfection, quelle qu'en fût l'origine, avait envoyé acheter des tableaux flamands [1] en même temps qu'il commandait des tableaux italiens et achetait des sculptures antiques. C'est de ce nouveau point de vue qu'il faudra envisager et apprécier cette nature distinguée et cette noble influence. Examinons donc comment Jean Clouet avait pu, au milieu de

---

1. A défaut du nom des peintres auxquels Jean Dubois achetait les tableaux du roi, on pourrait les nommer sur la simple description du sujet qu'ils représentent :

« Jehan Duboys, marchant, demourant à Envers, la somme de sept vingtz dix neuf livres, dix huict sols tournoys pour son payement des parties qui s'ensuyvent, c'est assavoir—lxxiij livres xvi s. pour troys tableaulx en toille esquels sont figurez assavoir en l'un les Fantosmes de sainct Anthoine, en l'autre une danse de paysans et en l'autre ung homme faisant ung rubec de sa bouche—xxviij livres xiiij s. pour deux tableaulx de la passion faictz à huille—lvij livres viij s. pour quatre autres tableaulx aussi faicts à huille en l'un desquels sont portraicts deux enffans eulx baisans ensemble ; en ung autre ung enfant tenant une teste de mort et en l'autre une dame d'honneur à la mode de Flandres portant une chandelle en son poing et ung pot en

l'atmosphère de la cour tout imprégné de l'air italien de Fontainebleau, rester fidèle aux traditions flamandes de son père, traditions fécondes auxquelles l'Italie a dû ses meilleurs peintres primitifs, l'Allemagne son Martin Schön, le maître d'Albert Dürer, et la Suisse son Holbein, digne d'être le maître de tous.

Pour comprendre la singularité et le mérite de cette persistance dans les anciennes données de la peinture française, telle qu'elle s'était modifiée sous l'influence flamande, il faut dire en peu de mots ce qu'était devenu l'art en France à la fin du xve siècle. Les élèves des frères Van Eyck avaient suivi jusqu'en Italie les chefs-d'œuvre de leur puissant maître et répandu partout les principes fécondants de son école ; mais faibles et timides, semblables à ces peuples barbares qui subissaient l'influence des nations civilisées vaincues par eux, ils avaient cessé d'être flamands sans devenir Italiens, c'est-à-dire qu'ils avaient abandonné l'imitation consciencieuse et l'exécution patiente pour adopter les façons expéditives du génie, mais pour leur malheur

---

l'autre, lesquels tableaulx dessus dicts, ledict seigneur a achaptez et d'iceulx luy-mesmes faict pris avec ledict Duboys à ladicte somme et iceulx à ceste fin faict mettre en son cabinet du Louvre pour son service. » Le 2 décembre 1529. Compte des Menus-Plaisirs. (Arch. gén. div. hist. vol. 100.) Je trouve en outre dans le compte de l'épargne de 1528 cet article malheureusement trop laconique : « A maistre Victor Brodeau, sécretaire de la Royne de Navarre la somme de deux cens cinq livres tournois qui lui a esté ordonnée par le Roy N. S. le 15 septembre 1528 pour convertir et employer en l'achapt et provision de certains tableaux, pourtraictz et autres menus ouvraiges que ledict seigneur luy a commandé recouvrer et achapter pour son plaisir et service au pays de Flandres où ledict seigneur l'envoye présentement et dont il ne veult cy estre faicte autre mencion. »

sans génie. Ces transfuges repassèrent les monts ;
ils firent accepter partout la renaissance italienne
avec d'autant plus de facilité que la transition fut
moins brusque ; et lorsque nos rois, même avant
cette promenade en Italie que la noblesse de France
fit à la suite de Charles VIII, appelèrent à eux de
vrais peintres italiens, on les reçut sans défiance, et
leur manière fut acceptée sans grande contestation.
On sait comment poussé toujours plus rapidement
dans ce courant de la renaissance italienne qui en-
traînait l'Europe entière, François Ier attira à lui les
premiers peintres, les plus habiles sculpteurs, mettant sous les yeux des artistes français tous les
moyens de séduction et les plus beaux morceaux
de l'antiquité et les plus belles inspirations du génie
moderne, et, ce qui séduira toujours l'imagination
de l'artiste, la pensée placée au-dessus de l'exécution, et des procédés expéditifs mis au service des
inspirations de premier jet.

    Aussi tout céda : un sculpteur de la trempe de
Michel Colombe, un peintre fort et fécond comme
Jean Cousin, un miniaturiste délicieux comme Fouquet. Janet seul résista, et quand je dis Janet, je
cite le maître par excellence, car il avait pour ad-
hérents fidèles une foule de peintres provinciaux
pour lesquels la renaissance italienne fut un mot
sans être une chose. Que signifiait cet entêtement ?
Que prétendait cet homme ! Il voulait rester français.

Rester français, c'était n'accepter presque rien de l'influence italienne, c'était résister à l'engouement général. Jean Clouet puisait cette force de résistance dans sa conviction. Ayant pris la nature pour guide, il la suivait sans se laisser éblouir par la lumière éclatante et factice qui jaillissait de Fontainebleau, sans être étourdi par le bourdonnement enthousiaste qui n'entourait que les œuvres italiennes ou leurs imitateurs. Son mérite, dans cette résistance obstinée, est peut-être moins grand qu'on ne serait disposé à l'admettre. Les peintres italiens du xve siècle auraient exercé sur lui une vive séduction, car il y a une certaine parenté d'origine flamande et de conviction religieuse entre Janet et ces vieux maîtres; même fidélité au modèle, même étude de la nature, c'est-à-dire du portrait, jusque dans les compositions les plus compliquées, même soin des détails, même exécution précieuse. Le Pérugin, pour prendre un contemporain, n'avait pas dévié de cette fidélité; son élève Raphaël ouvrit la voie indiquée mais fatale de ce grand développement de l'art; il se créa un idéal. Porte dorée, porte séduisante, porte fatale, par laquelle de rares et grands génies auraient pu passer, mais qui devait se fermer sur cette foule trop faible pour résister aux dangereux entraînements. Jean Clouet était accessible aux influences, mais, comme toute âme convaincue, il n'admettait que les bonnes influences, celles qui, loin de heurter des principes et des

croyances arrêtées, viennent avec une nouvelle
puissance créatrice les grandir et les corroborer ;
aussi voyons-nous, dans certaines modifications de
sa manière et de celle de son fils, poindre quelque
chose des grandes qualités d'un Léonard de Vinci,
ce peintre géant fait pour inspirer et perfectionner
en même temps un peintre de miniature comme un
peintre d'histoire ; cet artiste ravissant dont les qualités réunies semblaient présenter à notre école le
cours complet des enseignements qu'elle pouvait
comprendre et suivre sans de trop grands efforts,
et qu'elle ne devait jamais dépasser sans danger de
se perdre.

Et ici nous nous arrêterons un instant, car nous
avons à cœur de venger la mémoire de François Ier,
du grand roi, comme l'appellent par excellence
tous les artistes du temps. On ne lui accorde d'ordinaire que ce mérite banal d'un luxe royal qui
convie un grand nombre d'artistes comme il entretient de nombreuses gardes. Le roi de France avait
plus en lui, il était doué d'une véritable distinction
de goûts et d'instincts. Comment se refuser à lui
reconnaître cette qualité quand on considère le
choix des artistes célèbres qu'il appelle du dehors ?
En connaît-on un entre tous dont l'immense talent
fût mieux adapté au goût, aux tendances, aux qualités de notre école nationale que l'admirable pinceau du maître Florentin ?

Le xve siècle avait poussé par des efforts admirables, au pinacle de l'art, trois grands artistes ; résumé brillant de sa marche ascendante, Perugin, Jean Bellin et Léonard de Vinci. Sur ce sommet périlleux trouvèrent place encore trois grands génies, Raphaël, Michel-Ange, Titien ; mais de cette hauteur, combien était différente la vue qui s'offrait à leurs yeux ! D'un côté, c'est la montée pénible qui provoque la lutte ardente ; de l'autre, la descente facile qui entraîne les chutes éclatantes. Ici, une foule d'artistes naïfs, enthousiastes, pleins de sève et de feu ; là, une procession monacale de copistes monotones qui cherchent l'originalité dans l'exagération, et ne trouvent en fait de nouveauté que le rebut ; d'un côté enfin, la jeunesse ou la renaissance ; de l'autre, la vieillesse ou la décadence.

S'adresser à Léonard de Vinci en 1515, c'était faire acte de juge profond de l'art. Malheureusement le chef de la vieille école était vieux lui-même, et notre soleil n'avait pas de rayons assez vifs pour ranimer sa pensée éteinte, pour réchauffer ses doigts glacés. Rome avait vu la dernière flamme de ce foyer si longtemps ardent [1] ; mais cet

---

[1]. S'il ne produisit rien à Paris, il rapporta d'Italie le tableau qui semble avoir été pour lui plus qu'un objet d'art, ce portrait de Mona Lissa, femme du Florentin Francesco del Giocondo, qu'il mit quatre mois, d'autres disent quatre ans, à peindre, se complaisant dans cette étude d'une physionomie gracieuse et souriante, mille fois plus difficile à rendre que la beauté sévère aux contours précis, aux formes arrêtées. Il faut lire Vasari pour se rendre compte de la célébrité de ce portrait, il suffit de le regarder avec attention, après avoir échappé à un premier désappointement, pour comprendre qu'elle est fondée. (Musée du Louvre, nº 1092.)

Le saint Jean Baptiste passa la Manche au XVII° siècle. Louis XIII l'envoya en présent à Charles Ier. À la vente de la collection de ce malheureux roi, Jabach le racheta (voir le Palais Mazarin, note 73) pour 3,500 ; il passa dans la collection du

effort semblait avoir épuisé ses forces productives.
La gloire de Michel-Ange, sa rudesse, son manque
d'égards, avaient conduit le vieux maître à un pénible retour sur lui-même ; il vit la grande roue qui,
en nous entraînant, élève de nouvelles générations,
de nouvelles gloires ; il ne vit pas que celles-ci seraient entraînées à leur tour, et que, de ce grand
naufrage du passé, la postérité n'amène au rivage
que les puissants et les forts.

Léonard de Vinci mourut dans les bras de son
roi qu'il appelait son maître [1], et il nous fut donné
d'enterrer à Paris l'art italien du XVe siècle.

Après cet essai malheureux, François Ier regarda
autour de lui, et qui voulut-il donner pour maître à
notre art dans son enfance naïve? le naïf et sublime
Raphaël, évitant avec sagacité la violence de Mi-

---

cardinal Mazarin, ensuite dans le cabinet du roi , de là au Louvre, où il figure sous
le no 1084. C'est un admirable spécimen des grandes qualités du maître.
   Sainte Marie et sainte Anne. La grâce est cherchée plus encore que trouvée, et n'était
une exécution qui n'a pas deux origines possibles, on ne rapporterait de la vue de ce
tableau qu'une impression déplaisante. Il faut accepter les erreurs de la part des plus
grands hommes, l'histoire l'apprend ; les peintres ne font pas exception, et les défauts
de ce tableau appartiennent à Léonard de Vinci aussi bien que ses grandes qualités.
M. Waagen pousse bien loin le droit que lui donnent ses connaissances en contestant
l'authenticité de ce tableau ; on compromet son autorité en en abusant. (C'est le
no 1085 du Catalogue.)
   Un portrait de femme. Dans sa description de Fontainebleau, le P. Dan affirme que
ce portrait représente une duchesse de Mantoue, d'autres croient que c'est le portrait
de Lucrèce Crivelli: ce n'est certainement pas la belle Ferronnière, mais c'est un magnifique portrait. (No 1091 du Catalogue.)
   Je passe les autres tableaux sous silence (nos 1086, 1087, 1088, 1090).
   1. Il en est de ce trait comme des mots les plus célèbres, on a prouvé qu'ils
n'étaient pas vrais, quelquefois même qu'ils n'étaient pas possibles; mais j'ai donné
assez de preuves de mon amour de l'exactitude pour qu'on me permette cette petite
fantaisie. Léonard de Vinci mourant dans les bras du roi de France, me plaît comme
agréable fiction, et c'est une des plus innocentes. Il est de fait qu'il quitta ce monde
le 2 mai 1519, au château de Clou à Amboise.

chel-Ange et l'abondance du Titien. Déjà depuis plusieurs années, il insistait près de ses commissionnaires, les plus grands seigneurs de l'Italie, pour avoir des tableaux du divin maître [1]. En 1517, il lui avait commandé un saint Michel pour décorer la chapelle ou la salle de son ordre; le saint Michel arriva resplendissant de divine fierté [2]. Le roi de

---

1. Les musées du Vatican, de Dresde, de Florence, de Madrid, de l'Angleterre, offrent de bien belles œuvres de Raphaël, mais aucun ne présente une suite plus intéressante pour l'étude du maître et offrant de meilleures garanties d'authenticité.

De la première manière. — 1500-1505.

1189. — Le Petit Saint Michel.
1190. — Le Petit Saint Georges.
1197. — Portrait d'homme.

De la seconde manière. — 1507-1510.

1185. — La Belle Jardinière.
1186. — La Vierge au Linge.
1196. — Le Portrait de Raphaël.

De la troisième manière. — 1510-1520.

1195. — Le portrait du comte B. Castiglione (1516).
1193. — Raphaël et son Maître d'armes.

Je ne discuterai pas avec M. Waagen l'attribution flatteuse, flatteuse pour F. Francia, du no 1197; quand j'aurai vu quelque œuvre de ce maître qui approche de ces fines et grandes qualités, je souscrirai volontiers à la substitution : Raphaël ne perdra rien en perdant ce portrait, F. Francia y gagnera beaucoup. J'abandonne volontiers à Jules Romain le no 1192, mais je maintiens vrai le no 1193. Je ne vois dans cette belle peinture ni le portrait de Raphaël ni celui de son maître d'armes; je n'y chercherai ni les traits de Marc Antoine, ni ceux de Pontormo, mais je me refuse, quelque grand cas que je fasse de Sebastien del Piombio, à lui accorder ces physionomies modelées avec tant de bonheur; il a dans sa peinture d'autres mérites, il n'a pas ceux-là. Le no 1191 est bien certainement une copie; mais elle n'a été payée si cher en 1821 que parce que c'était une mauvaise copie, les habiles ont prouvé son authenticité au moyen de ses défauts. — Cette digression sur les tableaux de Raphaël était rédigée longtemps avant la publication du catalogue de M. Villot, qui lui a fait perdre tout son mérite; on s'expliquera ainsi les citations des anciens numéros que le savant conservateur aurait dû associer aux nouveaux numéros qu'il adoptait. Je n'ai pas le temps de revoir ces notes.

2. Ce grand tableau est trop connu pour qu'il soit nécessaire d'en faire la description et d'en signaler les beautés un peu théâtrales; ce n'est pas ainsi que l'école naturaliste se figure qu'on terrasse le diable, mais aussi saint Michel n'est pas

France fit remettre au peintre italien une somme double de celle qu'il demandait ; Raphaël ne voulut pas rester en arrière de cette générosité royale : il peint sa grande Sainte-Famille [1], la plus parfaite de ses compositions, et il l'envoie à Paris. Bientôt après, une sainte Marguerite, demandée par le roi en souvenir du nom de sa sœur, précéda l'arrivée d'un portrait vivement attendu.

L'Italie, fière de ses beautés, plaçait unanimement au-dessus de toutes les autres une beauté par excellence : Jeanne d'Aragon était sans rivale. Le cardinal Jules de Médicis (plus tard Clément VII) voulut que le roi en fût juge ; il demanda son portrait à Raphaël et l'envoya à Paris [2]. Noblesse des

---

obligé de s'y prendre comme un fort de la Halle. On lit sur la bordure du vêtement « Raphael. Vrbinas. pingebat M.D.XVII. » Il a été peint sur bois, le restaurateur émérite Picault le transporta sur toile en 1753. Je ne parle pas des restaurations qu'on a reprochées à toutes les administrations. C'est une bien vieille chanson. Ce tableau porte le n° 1187.

1. Un musée qui possède ce tableau peut se comparer à tous les autres, et défier le plus grand nombre, c'est la plus précieuse production de la dernière manière du grand artiste. Peint avec le sentiment de la reconnaissance pour remercier un grand roi de ses nobles procédés, il porte partout les caractères d'une œuvre de prédilection. On lit sur la bordure du vêtement de la Vierge : « Raphaël. Urbinas. pingebat MDXVIII. » (N° 1184 du Catalogue.)

On connaît la gravure d'Edelinck, autre chef-d'œuvre; on ne connaît pas toutes les bonnes copies de ce tableau célèbre, mais il en passe chaque année dans les ventes, et ce ne sont pas toujours les meilleures, qui ont la prétention de détrôner notre original.

2. Ne faut-il pas croire que Jeanne d'Aragon, épouse d'Ascanio Colonna, prince de Tagliacozzo, duc de Palliano et connétable de Naples, devait à l'attrait de sa blonde chevelure et à sa grande position quelque chose de la célébrité que lui valurent ses charmes? S'il n'en était pas ainsi il serait difficile d'expliquer tout ce bruit à l'occasion d'une figure qui rappelle un peu la poupée, même sous le pinceau de Raphaël.

A part cette absence d'expression, on pourrait encore reprocher à l'exécution une certaine dureté dans les contours, et quelque chose de creux dans le ton général. Mais nous renonçons à exprimer une admiration ainsi limitée et conditionnelle.

On sait que le médecin Augustin Niphus ou Nifo a réuni, en 1529, et publié en

traits, charme de l'expression, beauté des cheveux, de la taille, des mains. Un modèle parfait, et pour peintre un Raphaël. Tel est le chef-d'œuvre que nous admirons au Louvre avec quatorze autres tableaux du même maître [1].

1531 le recueil de toutes les pièces de poésies composées à la louange de cette beauté. Quand on est entré dans la littérature du XVIe siècle, on fait peu de cas des éloges, et la littérature italienne de cette époque ne donne pas au sonnet la valeur de la rareté : « Augustini Niphi medici ad illustrissimam Joannam Aragoniam Tagliacoccii principem de Amore liber. Lugduni Batavorum apud Davidem Lopes de Haro. » 1641, in-12. La première édition est de Rome, in-4o, 1531.

Les copies de ce tableau sont nombreuses, et les prétentions très-arrogantes, cela devait être. M. de Forbin, directeur du musée, dut refuser la permission, qu'on sollicitait avec instance, de faire entrer dans les galeries du Louvre une copie fameuse pour la comparer avec l'original. On comprend que si la permission avait été accordée, la copie se serait vantée d'une substitution pour mieux se donner les airs d'un original. On fera bien de traiter ainsi toutes les copies.

M. Waagen range ce tableau de Raphaël parmi les douteux; il faut alors brûler l'histoire et tout ce qui s'appelle garanties d'authenticité pour mettre à la place l'autorité exclusive des conjectures. Sans m'embarrasser dans ces toiles mensongères que le besoin de la critique façonne à sa guise, je citerai un article des comptes du Roi pour les années 1533 à 1540 :

« A Francisque de Boullongne, peintre, la somme de 11 livres, pour avoir vacqué durant le mois d'octobre à laver et nettoyer le vernis à quatre grans tableaux de peintures apartenans au Roy de la main de Raphaël d'Urbin : assavoir le Saint-Michel, la Sainte-Marguerite et Sainte-Anne et le portrait de la vice-royne de Naples. »

1. Il faut citer dans le nombre des tableaux de Raphaël qui nous furent envoyés directement par lui, la petite Sainte-Famille, no 1188 et no 1083 ? Félibien donne ce renseignement : « Ce tableau a été longtemps dans la maison de Boisi, où il avoit été laissé par Adrien Goufflier, cardinal de Boisi, à qui Léon X donna le chapeau, l'an 1515, et qu'il envoya légat en France en 1519. On dit que ce fut un présent que lui fit Raphaël en reconnaissance des bons offices qu'il lui avoit rendus auprès du roy François 1er. Quoi qu'il en soit, ce cardinal le gardoit précieusement, et Raphaël lui-même avoit pris soin qu'il fût bien conservé, car il est couvert d'un petit volet de bois peint et orné d'une manière aussi agréable que sçavante. » Tome I, p. 335. Entretiens sur les Vies des Peintres, édit. in-12. Le nouveau catalogue du Musée, par M. Villot, ajoute : « On ignore le sort de ce volet qui a disparu depuis long-temps. » Ce tableau passa dans les collections du duc de Rouanez et de Lomenie de Brienne avant d'entrer dans le cabinet de Louis XIV, il était à Versailles en 1699 (F. Le Comte Cab. de Sing. II, 54). M. Waagen l'attribue à Garofalo, heureux Garofalo ! (Tome III, p. 442), M. Passavant, moins hardi dans ses conjectures, n'élève aucun doute sur son authenticité. (Tome II, p. 320).

Un dernier tableau de Raphaël nous appartenait. Jules de Médicis, à la prière de Léon X, obtint de François 1er, en 1515, l'évêché de Narbonne. Reconnaissant de cette faveur et traitant son évêché comme il aurait voulu être traité lui-même, il

Ces productions et l'immense célébrité du peintre faisaient désirer plus vivement sa venue. Malheureusement, aux avances du roi, à ses désirs, Léon X opposait plus que la jalousie nationale et sa prédilection personnelle. Il objectait l'intérêt de la religion. Raphaël n'était pas seulement le plus grand peintre de Rome; nommé architecte de Saint-Pierre, il avait une mission presque sainte; il élevait à Dieu le plus grand temple de la chrétienté.

On ajourna donc cet espoir. Alors François Ier

---

commanda à Raphaël un grand tableau de la Transfiguration pour la décoration du maître-autel de sa cathédrale.

Si Raphaël n'eût pas été traversé dans son travail par d'autres occupations, le tableau aurait été terminé en 1516, et certainement il serait en France; malheureusement pour nous, Raphaël y travaillait encore et allait mettre la dernière main à ce chef-d'œuvre lorsque la mort rompit ses pinceaux. Au milieu du deuil général et pour ne pas augmenter dans Rome la tristesse d'une si grande perte, le cardinal Jules de Médicis décida que ce magnifique tableau, le chant du cigne du grand artiste, resterait dans la capitale du monde chrétien, et il nous envoya, comme compensation, la Résurrection du Lazare, peinte par Sebastian del Piombo.

Raphaël mourut donc en peignant ce chef-d'œuvre. Mourir à trente-sept ans, au milieu de cette grande gloire, était-ce justice du ciel? Peut-être. Pour la renommée du peintre, il fallait clore brusquement cette sublime carrière et l'arrêter au pied de la Transfiguration. Entre le Sposalizio et ce tableau, il y a tout un monde; poussez plus loin et vous avez le précipice. Des organisations comme celle du Titien peuvent durer un siècle entier; les effets de sa couleur et les théâtrales dispositions de ses figures comportent dans une certaine région du talent des combinaisons infinies, mais la perfection une fois atteinte, le champ, s'il ne se rétrécit pas, a des limites si délicates, qu'il est facile et souvent tentant de les dépasser. La Mort, cruelle protectrice, a défendu Raphaël de tout écart, et l'a laissé dans l'histoire des arts comme un modèle unique. De quoi mourut-il? *On attribue la cause de sa mort à une débauche de femme*, dit Félibien à Pymandre, pour lui enseigner en même temps l'histoire des peintres, et l'art de parler de leur mort avec délicatesse. M. Passavant fait une plus décente supposition, et il en avait le droit, puisque aujourd'hui, de même qu'au temps de Simon Fornari et de Vasari, on n'a sur ce point que des conjectures : *Wahrscheinlich hatte er sich bei seinen Untersuchungen und Aufnahmen in Roms Ruinen ein heftiges Fieber zugezogen.* « Il s'était probablement attiré une fièvre chaude dans ses recherches au milieu des ruines de Rome, occupé à en lever les plans. » (Tome I, p. 324.) J'aime ce *probablement*. L'activité fébrile qui détruit le corps en exaltant la pensée va bien à ce grand génie, aucun genre de débauche ne convenait à cette nature d'élite.

examina parmi tous les tableaux envoyés d'Italie
où était le talent supérieur. Son choix s'arrêta sur
Andrea Vannuchi qu'on appelait del Sarto. Cet
artiste était alors dans la force de son talent, si
tant est que cette nature molle ait eu jamais de la
force ; sa manière de dessiner, qui empruntait à Michel-Ange quelque chose de sa grandeur, sa couleur éclatante, qui tenait le milieu entre les grands
coloristes, et par-dessus tout sa grâce, durent plaire
au roi, de même que ces qualités convenaient à
notre sol et auraient pu y exercer une grande influence.

Andrea del Sarto [1] vint à Paris ; il y fut comblé

---

1. Vasari semblait devoir être le biographe officiel d'Andrea del Sarto. Elève de ce peintre, contemporain, témoin et admirateur de toutes ses productions, il écrivait ses propres mémoires en traçant la vie de son maître. Comment se fait-il que Biadi (*Notizie inedite della vita d'Andrea del Sarto*, raccolte da manoscritti e documenti autentici. Firenze, in-8o, 1830), et après lui Reumont (Andrea del Sarto. Leipzig, in-12, 1835.) ont pu rectifier autant d'erreurs, combler autant de lacunes ; sans compter que les érudits italiens Bottari, della Valle, etc., avaient apporté chacun quelque document nouveau qui fixait une date, établissait un fait. C'est que l'histoire est plus exacte que les contemporains trop rapprochés des événements pour apprécier l'importance de l'exactitude, trop familiers avec les hommes pour s'attacher à la minutie de leurs actions.

Je renvoie donc à Vasari, qui toutefois ne nous donne pas positivement la date du voyage d'Andrea del Sarto en France. Il nous dit, et cela revient au même, qu'il peignit à son arrivée le portrait du dauphin peu de mois après sa naissance, or le Dauphin :

Ce beau Dauphin tant desiré en France
Cl. Marot, Bal. ix.

naquit le 28 février 1517.

Andrea del Sarto conduisit avec lui à Paris son élève Andrea Sguazzella, et il le laissa en partant. Ce jeune peintre, faible imitateur de la manière de son maître, fut chargé de quelques travaux, *ha lavorato*, dit Vasari, *in Francia un palazzo fuor di Parigi che e cosa molto lodata* (tome IX, p. 106). Il y avait au château de Samblançay près de Troyes plusieurs tableaux de sa main qui avaient appartenu au seigneur, ancien superintendant des finances sous François 1er. En 1537, Benvenuto Cellini, lors de son premier voyage à Paris, logea quelque temps chez Sguazzella, *a un tanto la settimana* (I, p. 435). Depuis cette date nous le perdons de vue, et nous n'avons de lui qu'un tableau douteux (Musée du Louvre, no 468).

d'égards, de soins et de richesses..Pour répondre à
tant d'attentions, il fit le portrait du Dauphin[1], la
Charité[2] qui est au Louvre et plusieurs autres tableaux[3]; puis il nous quitta, chassé par cet ennui
qui prend aux méridionaux, promettant de revenir
avec sa femme et de rapporter des tableaux et des
statues. Il emporta l'argent du roi et ne revint pas.

L'influence du Primatice pouvait encore s'exercer
utilement sur l'art français; son coloris clair et son
dessin élégant ne contrariaient pas nos instincts;
aussi trouve-t-on de ses qualités dans la peinture
de François Clouet. Mais un Rosso devait-il servir
de modèle, pouvait-on adopter les conventions de
l'école de Fontainebleau ou se mettre à la suite de
cette émigration d'imitateurs serviles que les deux
peintres rivaux, Primatice et Rosso, apportèrent
dans leur bagage; c'était adopter des procédés
expéditifs qui répugnaient à nos peintres, des règles
toutes faites qui les révoltaient, et un ensemble d'allures cavalières qui n'allaient ni à leurs natures, ni
à leurs convictions. D'ailleurs, ayant calculé la

---

1. Le portrait suivit-il le sort de l'original? La destruction de l'un fut-elle la conséquence de la mort si malheureuse de l'autre? Je l'ignore, car ce portrait royalement
payé, longtemps cher à François Iᵉʳ, n'est plus dans les collections de l'État.

2. C'est le nᵒ 856 du Catalogue, il porte cette inscription : *Andreas Sartvs Flo-*
rentinvs me pinxit. M. D. XVIII. C'est un de ses meilleurs tableaux sous le rapport
de l'exécution, et le grand bruit qu'on a fait d'une restauration maladroite s'efface en
même temps que s'adoucit la crudité de toute restauration dans sa fraîcheur.

3. Dans ce nombre, on pourra compter le nᵒ 1225 du Catalogue, si l'on suit l'opinion assez fondée de M. Waagen. Ce portrait de Baccio Bandinelli peint par Sébastien del Piombo, selon le Catalogue, ne serait ni le portrait de ce sculpteur, ni un tableau de ce peintre: les raisons de l'habile connaisseur me paraissent acceptables
(tome III, p. 430.)

longueur de leurs ailes, Jean Clouet et son fils
avaient mesuré la portée de leur vol et s'étaient
donné le portrait comme une tâche modeste, sa-
chant bien au fond qu'un portrait parfait est la plus
haute mission de l'art.

LES PEINTRES DE PORTRAITS.

Pendant tout le moyen âge, les rois, les princes, les riches seigneurs avaient un peintre attaché à leur cour, faisant partie des domestiques de la maison et placé dans leur hiérarchie, tout au bas de l'échelle, parmi *les gens de métier*, après les palefreniers et les galopins de cuisine. Un Jean Van Eyck, un Fouquet, étaient ainsi classés, et tout en conquérant par leur talent des faveurs et des égards qu'on n'accordait pas aux plus grands officiers, ils conservaient ce rang infime [1]. Cependant, avec la marche de la civilisation, on eut la bonne pensée de donner un caractère officiel et hiérarchique à l'intimité qui manquait rarement de s'établir entre le patron et l'artiste, on nomma *varlet de chambre* les peintres, les poëtes et traducteurs, les musiciens, les brodeurs et même les fous, rang qui dépassait beaucoup celui qui leur avait été assigné jusqu'alors, quoiqu'il vînt encore à la suite de toute la maison militaire, ecclésiastique, politique et financière. Telle fut la position officielle; voyons ce qu'étaient

---

1. André de La Vigne, lui-même *domestique de l'ostel royal*, accepte sans autre scrupule cette hiérarchie peu favorable; il classe les peintres entre les geoliers et les apothicaires :

   Grossiers, geoliers, paintres, appotiquaires.

les attributions. Les énumérer serait fort long. Disons simplement qu'ils étaient là *pour tout faire*. Je renvoie à mes études sur les arts au moyen âge ceux qui seraient curieux de suivre cette variété d'emplois depuis la chambre du seigneur où l'on décore ses chaises de retrait, depuis l'écurie où l'on peint les selles, jusqu'à la cuisine où il faut orner les pâtés. Le peintre de la cour se prêtait et il suffisait à toutes les fantaisies du maître, absorbant presque toujours, dans ces occupations futiles, le talent que la nécessité eût stimulé et peut-être développé. Une ressource lui restait, s'il voulait se monter fidèle à son art. Cette ressource était le portrait, qui ne cessa jamais, à la cour surtout, d'être un goût, un passe-temps, une passion. Ainsi, tandis que les peintres attachés à nos rois et à nos princes semblent avoir jeté peu d'éclat par leurs compositions, par leurs tableaux, on les entend vanter pour leurs portraits, et ce talent, ce côté particulier de l'art semble le seul qu'on recherche dans le choix de leurs successeurs. Ce rôle et cette position des artistes fut la même à toutes les cours, ce fut celle de Jean Holbein à Londres. Ce grand artiste, en quittant Bâle, sa véritable patrie, avait laissé dans cette seconde ville natale des compositions qui annonçaient un grand peintre d'histoire, mission qu'il s'était donnée et qu'il aurait remplie si un duc de Florence ou un pape avaient encouragé ses tendances ; mais en 1528, présenté par Th. Morus à

Henri VIII, il devint le peintre de la cour, c'est-à-
dire le peintre de portraits à l'huile, au crayon, en
miniature, le peintre d'ornements, le peintre pour
tout faire ; adieu les grandes compositions où l'imagination, comme un général d'armée, fait mouvoir
la réalité. Il fallut s'en tenir au portrait, mission
grande encore, mission commode où l'art avait sa
part sans imposer de grands efforts. Holbein se laissa
faire cette douce violence et se montra un grand
peintre tout en étant peintre de la cour.

Quand la grande marée des peintres italiens vint
à monter par-dessus la tête de nos artistes, elle
entraîna avec elle à Fontainebleau tout ce qui avait
du talent ; mais elle respecta, ou, pour mieux dire,
elle attira vainement les peintres de portrait et
surtout les peintres attachés à la cour. Ceux-ci s'é-
taient formé à la fois une manière de peindre et un
public d'admirateurs que la renaissance italienne
battit vainement en brèche. On se disait tout haut
que cette peinture du Louvre et de Paris, comparée
à la peinture de Fontainebleau, était bien mesquine,
bien timide ; on s'excusait à ses propres yeux de
conserver encore à cet art et en dépit de la mode
une demi-protection. Intérieurement, on se repro-
chait comme une atteinte de mauvais goût, comme
une infériorité de sentiment, de comprendre mieux
cette peinture simple que la peinture compliquée ;
mais, quoi qu'on en eût, on préférait au grand fracas
ces portraits naïfs, dont l'expression vivante et la

réalité toute française allaient au cœur. C'est aussi
que nos peintres avaient mesuré et accepté tout
entière la tâche du portraitiste.

Cette tâche est immense; elle consiste à saisir la
physionomie dans son expression, et l'expression
dans son individualité; à rendre le modelé et le
relief par le jeu vaporeux des ombres, observé dans
l'effet le plus lumineux et le moins artificiellement
combiné; à rester toujours vrai et candide, à conquérir les qualités de ressemblance saisissante et
d'énergique expression, uniquement par la finesse
de l'observation et la force d'une exécution simple,
ferme et précise. Jean Clouet n'ignorait pas qu'une
tête peut se présenter autrement que de face, qu'il
y a des trois quarts et des profils, des airs de tête
et des poses du corps; qu'un visage vu d'un peu
bas ou pris d'un peu haut fait presque deux vi-
sages; il savait aussi qu'au moyen d'une lumière
habilement ménagée, on créait les ombres portées
qui creusent les yeux dans leur orbite, qui font
saillir le nez, accentuent le modelé et détachent eu
relief lumineux la tête sur un fond noir; il connaissait enfin tous ces moyens factices qu'en terme
d'atelier on appelle des ficelles, parce qu'ils font
mouvoir des poupées; mais il les dédaignait et
prenait le jour tel que le bon Dieu le lui envoyait,
rendant son modèle tel qu'il se plaçait naturellement sous les yeux, avec sa laideur ou sa beauté, sa
bonhomie ou sa dureté, avec son costume, quelle

que fut l'exagération de la mode, l'ampleur des col-
lerettes, la richesse exubérante des broderies. De
là, cette uniformité de poses, cette monotonie appa-
rente de caractères, et enfin ces airs de parenté ré-
pandus sur toute une génération, transformée en
une même famille.

Nos peintres modernes, chez qui la naïveté n'est
pas la qualité dominante, font depuis longtemps de
violents efforts pour échapper aux difficultés de la
réalité. L'Europe, on ne le sait que trop, est sou-
mise à la mode d'habits étriqués, de chapeaux sans
forme connue, de collets de chemise aux angles
aigus et de coiffures écourtées à raies contre nature. Que font nos artistes? Ils vont chercher les
manteaux de Velasquez, les chapeaux à larges
bords de Van Dyck; ils font parfois appel à la toge
romaine, ou même à la chlamyde grecque; et avec
ces costumes pittoresques et des coiffures à l'avenant, ils nous exposent drapés noblement ou hor-
riblement débraillés, deux excès que nous épargne
le laisser-aller sans prétention de nos tristes habits.
Ils n'ont pas compris que nos physionomies, nos
tournures, dépendent essentiellement et sont un
peu le résultat de ces modes qu'on est en droit de
critiquer, mais non pas de supprimer.

Il faut, quoi qu'on en ait, reconnaître ce pouvoir
de la mode, plus fort que la tendresse maternelle,
plus puissant que l'autorité paternelle. Nos mères,
habituées à se tenir droites comme des statues

grecques, ont lutté vainement contre la mode qui
courbait le dos de leurs filles ; nos pères, oublieux
des mécomptes que la négligence de leurs habits
avait donnés à nos grands-pères, n'ont pu accepter
ni comprendre nos costumes d'écurie et nos manières d'antichambre, et cependant la mode a suivi
son cours, et je ne saurais trop insister sur ce point,
les attitudes et les physionomies elles-mêmes ont
été, dans une certaine mesure, soumises et réglées
par ses caprices.

Les peintres primitifs se donnaient moins de
peine pour atteindre le véritable but ; ils copiaient
simplement leur modèle. Et ne croyez pas leur pinceau monotone ; dites-vous bien que chaque époque
a sa monotonie d'expression et de pose, aussi bien
que de costume. Avez-vous été par hasard un
après-midi sur le boulevard des Italiens pour rejoindre un jeune ami, chercher un neveu, ou votre
propre fils ; n'avez-vous pas éprouvé un premier
moment d'embarras au milieu de ces tournures tellement semblables, de ces coiffures pareilles, de
ces vêtements identiques ; les physionomies elles-
mêmes, animées par un courant général d'opinions
et de passions semblables, contractées sous la pression du lorgnon ou grimaçantes au bout d'un ci-
gare, ne vous ont-elles pas paru singulièrement uni-
formes, au point de trouver difficilement de prime
abord, et de ne reconnaître qu'à la longue, celui
que vous cherchiez ? Ayez bien en mémoire cette

impression quand vous irez voir à Windsor les dessins d'Holbein, ou quand vous étudierez nos portraitistes français. Ce souvenir évitera à ces grands artistes le reproche de monotonie, dont la banalité ne diminue pas l'injustice. Oui, ils sont monotones ces peintres naïfs; mais ils ont été vrais en acceptant la monotonie qu'ils avaient sous les yeux, se contentant de démêler en elle le caractère de physionomie particulier à chaque individu que la nature comme l'art sait disputer à la mode.

A première vue, tels sont les défauts; en y regardant de plus près, on est étonné de la familiarité qui s'établit avec ces figures en apparence insignifiantes. Si un portrait à grand effet a tout dit du premier mot, il semble qu'un portrait de Jean Clouet réserve à l'observateur persévérant de longues confidences. On se détache difficilement de ce regard limpide, de ces expressions simples; on sent la vie dans cette limpidité, on découvre dans cette simplicité du caractère, ou ce qui vaut mieux, le caractère propre à l'individu. C'est plus qu'une œuvre d'art, c'est une image reflétée sur le papier par l'observation consciencieuse, avec autant de fidélité que la lumière fixe sur le nitrate d'argent l'image qu'elle éclaire.

Il y avait, au reste, dans cette mission du portraitiste un trait du caractère national. Les conditions du portrait ont quelque chose d'arrêté, de positif, qui s'associe bien aux qualités de notre

esprit et qui se retrouve au fond de nos goûts.
Aussi avons-nous devancé toutes les autres nations
dans le portrait, cette base sérieuse de l'art.

Le portrait est d'invention fort ancienne, si l'on
veut le retrouver dans le désir naturel à l'homme
de remplacer par une image fidèle l'absence de la
personne aimée, surtout l'absence la plus cruelle,
l'absence irréparable, la mort. Les traditions ne nous
disent-elles pas que le cœur a conduit la main du
premier artiste, et, en lui apprenant à dessiner une
ombre chère, lui a enseigné l'art de créer une
douce réalité? Mais le portrait, monnaie courante,
le portrait étude rigoureuse, art spécial et pour
ainsi dire *sui generis*, qui a ses règles et ses artistes
exclusifs; ce portrait est beaucoup plus récent
qu'on ne le croit. Il ne vint que très-tard réclamer
sa place dans l'art antique, et il attendit fort longtemps que l'art moderne eût pris son développement avant de revendiquer ses droits.

La grande renaissance des arts au XIIIᵉ siècle, la
véritable renaissance française, originale dans sa
conception, nationale dans son origine, et immen-
sément féconde comme toute création puissante; la
renaissance du XIIIᵉ siècle ne créa donc pas la passion du portrait, qui est dans la nature de l'homme,
mais elle créa le talent nécessaire pour le produire
dans les conditions sérieuses de l'art. Si je n'évitais,
autant que je puis, toute opinion tranchée (l'expérience de chaque jour est là pour me préserver de

ce danger); je dirais : Au XIIe siècle, il n'y a pas un
portrait; au XIIIe siècle, il n'y a que des portraits.
L'une et l'autre de ces assertions [1] recevraient des
démentis; mais cependant on comprend que je
marque par là l'obligation imposée dès lors aux
artistes et acceptée par eux, de rechercher la ressemblance et de rompre avec la fantaisie ou pour
mieux dire avec l'insipide monotonie. Le Dante,
témoin de ce grand progrès, vit dans ce soin pieux
une pensée consolante, et il l'exprime ainsi dans
son beau langage :

> Come, perchè di lor memoria sia,
> Sovra sepolti le tombe terragne
> Portan segnato quel ch'egli eran pria
> Onde li molte volte si ripiagne
> Per la puntura della rimembranza
> Che solo a pii dà delle calcagne.
>
> *Purg.*, Canto XII.

Cette étude consciencieuse se développa particulièrement sous le règne de Louis IX. La figure du
pieux roi fut une de celles qu'on reproduisit le plus
fréquemment, et cependant il ne nous reste pas un
seul portrait authentique de saint Louis. Exemple
instructif pour mesurer l'étendue de nos innombrables pertes. Les vitraux, les émaux, la sculpture,

---

1. Il y a des années, déjà, qu'un de nos respectables maîtres, l'abbé Lebeuf, a
dérangé le système des Bénédictins et les routines populaires, en établissant que
nos cathédrales offraient, dans leurs innombrables figures couronnées, des rois de l'ancien et du nouveau Testament et rien autre; grand fut le mécompte de tous les faiseurs d'iconographie historique, depuis Montfaucon qui dut se remuer dans sa tombe,
entre ses in-folios, jusqu'à cette foule d'amateurs qui veulent absolument des séries
complètes de médailles, de peintures ou de gravures de nos rois. Ce point si intéressant de l'art au moyen âge n'a été qu'effleuré par l'abbé Lebeuf; nous l'avons traité
avec l'appui de documents nouveaux et la ressource des monuments, dans l'Histoire
des arts sous les ducs de Bourgogne.

nous ont seuls conservé des portraits du XIIIᵉ siècle,
et il faut descendre jusqu'au roi Jean pour trouver une bonne et sérieuse pourtraiture. Le portrait
de ce prince, suspendu aux murs du cabinet des
estampes de la Bibliothèque nationale, devrait prendre place au Louvre dans le salon carré. Le peintre
du roi, Girard d'Orléans, *mestre Girart d'Orliens*,
en est certainement l'auteur [1].

Diverses causes partant d'un même mobile ont
contribué à perfectionner en France le portrait, en
exigeant de nos artistes qu'ils en fissent de bonne
heure une étude sérieuse.

L'habitude consacrée par l'antiquité d'exposer le
mort sur son lit funèbre et de l'offrir aux hom-
mages des survivants, s'était conservée ou renouvelée en France. Les obsèques étaient assez simples
dans l'origine pour que leur accomplissement fût
rapide ; mais quand le luxe exigea de longs préparatifs pour dresser la chapelle ardente, peindre les
écussons, tendre l'église, habiller le nombreux cor-
tége, alors il fallut aviser, car la nature, peu sou-
cieuse de tant de cérémonies, travaillait activement
à la destruction d'un corps que la vie ne défendait
plus. D'abord on eut l'idée de faire poser un être
vivant au lieu et place du mort, ne se souciant pas

---

1. J'ai réuni et sur ce portrait et sur l'artiste auquel on le doit des documents curieux dans mes Études sur le moyen âge. Le portrait de Charlemagne qu'on montre à
Rome est une figure de fantaisie, peinte archaïquement au XVIᵉ siècle. On a placé la
copie qui en a été faite sur porcelaine, dans le Cabinet des Antiques de la Bibliothèque
nationale, toujours pour la plus grande gloire des classifications logiques, si utiles aux
études.

davantage de la ressemblance. On le costuma
comme le défunt, on lui blanchit un peu la figure,
on lui recommanda l'immobilité, et, la naïveté du
temps aidant, les serviteurs fidèles pleurèrent sur
ce cadavre bien portant[1]. Peu à peu on devint plus
exigeant. Louis d'Orléans, quatre ans avant sa tra-
gique mort, écrit dans son testament : « Je vueil et
ordenne que je soye mis en habit des religieux ce-
lestins sur une cloye, à la pure terre, sans aucune
chose mettre sur ladicte cloye, ayant mon visaige
et mes mains descouvers. Toutevoies se mon corps
ne se povoit garder sans trop puer si en soit fait
une *représentation*. » A cette époque, le mot était
déjà depuis longtemps consacré, et l'opération, au
moyen du moulage à la cire coloriée et au papier
mâché, était assez perfectionnée pour qu'on pût
offrir une reproduction très-exacte de la nature ;
image d'autant plus saisissante, qu'elle se présentait à la lueur des cierges, au bruit du chant funèbre, à des yeux remplis de larmes, à des cœurs
oppressés par la douleur. Ce soin pieux, toujours
confié à un imagier ou à un peintre, quelquefois à
ces deux artistes à la fois, fut pour beaucoup dans
les qualités iconographiques qui font le caractère
et le mérite de notre école[2].

---

1. Je n'ai pas ici, à ma campagne, l'Histoire du Languedoc, cette grande œuvre de
dom Vaissette, mais j'en ai extrait dans le temps ce passage : « Cinq sols donnés en
1300 à Blaise pour avoir fait le mort aux funérailles d'un Jean de Polignac. » (Extrait
des comptes de cette maison.)

2. On trouvera dans le chapitre intitulé : Obsèques et Funérailles, d'autres détails
sur cette opération et sur les artistes qui s'y sont employés.

Déjà depuis deux siècles (XIII et XIVe), nos peintres et nos sculpteurs s'étaient ainsi habitués à observer la nature, à serrer de près le modèle, qu'on se contentait dans les autres pays des portraits de convention les plus insipides. Les pratiques superstitieuses qui furent de mode aux XIIIe et XIVe siècles, ces *envoutements* où l'on présentait, aux invocations diaboliques, la figure parlante de la personne qu'on voulait frapper, ne furent possibles qu'au moyen de ce talent d'imitation généralement répandu. On sait, et il est inutile de rapporter ici, les procès mémorables intentés pour punir les crimes enfantés dans l'obscurité de ces pratiques mystérieuses[1]. Le caractère des dépositions, les réticences des témoins, l'odeur de sorcellerie répandue dans ces procédures, ôtent à ces faits le caractère positif que réclament nos recherches. Seulement il ressort de l'ensemble qu'exécutées avec plus ou moins de talent, ces images de cire avaient par-dessus tout et presque uniquement le mérite d'une grande ressemblance[2].

1. Jean de Marcouville parle du grand procès d'Enguerrand de Marigny, en 1313, dans son *Recueil mémorable d'aucuns cas merveilleux advenus de nos ans et d'aucunes choses estranges et monstrueuses advenues ès siècles passés.* Paris, in-8°, 1564. Il admet : « L'effigie et image de cire faicte par art magique, représentant le roy Charles, laquelle estoit faicte ayant gestes d'un roy malade. » Et il ajoute : « De nostre temps l'on a pareillement attenté contre la majesté du roy François, premier de ce nom, par une effigie faicte à sa semblance. » Brantôme aussi accepte sans discussion « la puissance de ces sortilèges et les charmes des images et chandelles, » III, p. 319.

2. En dépouillant les mélanges du Cabinet généalogique de la Bibliothèque nationale, j'ai trouvé un grand rouleau de parchemin coupé aujourd'hui en quatre feuillets et qui contient une déposition inédite dans un procès de ce genre. Je dis procès, mais c'est trop dire, je crois qu'il n'y eut que cette première déposition, sorte de machination à laquelle on ne donna pas de suite. Il s'agit d'un *envoutement* sur le roi de

Si ce talent d'imitation avait fait d'aussi grands progrès, il fallait que l'habitude de regarder les portraits et de les reconnaître fût bien répandue, bien populaire, pour qu'on songeât à faire, d'une image, une sorte d'accusateur public. Le document suivant, tiré des archives de la ville d'Évreux, mérite de prendre place ici :

« Jehan Louvel, escuier, lieutenant général de noble homme monseigneur Jehan de Hangest, chevalier, sieur de Genli, conseiller chambellan du Roy, Nostre Sire et son bailli d'Évreux, ou à son lieutenant, salut.

« Pour ce que Gabriel Le Fèvre, paintre, demourant audit Evreux, en ensuivant le vouloir et plaisir du Roy, nostre dit seigneur, et par la déliberacion des gens et officiers d'icelui seigneur audit Evreux et autres notables personnes, a fait de son mestier la painture de cinq tableaux de aez; iceulx tableaux fait faire par ouvriers et menuisiers, par lui mis et atachez et quiz les cloux convenables pour iceulx pendre et asseoir, c'est assavoir trois d'iceulx aux trois portes principalles de la ville dudit Evreux, et les deux autres, l'un à Pacy et l'autre à Nonan-

---

France, pratiqué par le cardinal Gaetan, neveu du pape Boniface, et engagé alcrs dans l'élection de Lyon. « En l'an de grace mil trois cenz vxi, v mois d'avrill, Evrart de Bar sur Aube, clerc, déposa les choses qui ensuivent. » — Il décrit les préparatifs de l'envoûtement, puis il continue : « Nous avons fait une ymage et le monstrames au cardinal et il commencha à rire et ut trop grant ioie et leur dist : il a mout grant membre, parfeites bien et tost. » — Arrivé au baptême, on cherche le parrain et la marraine : « En la maison de l'orfèvre monseigneur, a bon liéu et secret et M S se fie à plain à l'orfèvre et en sa fame. L'orfèvre a nom Baudon, et est un jane homme assez avenant. »

court, sieges assis et situez ès enclaves de cedit bailliage : en chacun des quelx tableaux est paint et
pourtrait la stature et épitaffe de messire Jehan de
Chaalon, prince d'Orange, pendu la teste en bas et
les piés en hault, en le reprouvant tel que le Roy,
nostre dit seigneur, la declairé et que escript est en
chacun desdiz tableaux faiz par ledit paintre en plus
grant nombre, pour mectre et asseoir l'outre plus
es autres sièges de ce bailliage, jouxte la lettre et
cedule envoyée, esquelles mandé estoit par le Roy,
nostre dit seigneur, à mon dit sieur le bailli ou son
lieutenant, et que pour la paine et sallaire dudit
paintre d'avoir fait, livré et ataché lesdiz tableaux,
ès lieux dessus diz, ainsi pourtraiz et figurez que dict
est, luy a esté tauxé, ordonné prendre et avoir par
vos mains pour chacun tableau ainsi fait, paint et
pourtraict, la somme de xvij solz six deniers tournois qui est en somme, pour iceulx cinq tableaux,
quatre livres, sept sols, six deniers tournois.

« Donné à Evreux, soubz le petit seel, aux causes
dudict bailliage, le samedy xxi jour de juing, l'an
de grace 1477 [1]. »

Comme on le voit, dès la première moitié du
xve siècle, le portrait avait son rôle officiel et mul-
tiple ; ajoutons que dès le xiiie, il intervenait d'une
manière prudente et sage dans les négociations de
mariage, facilitant les rapprochements, évitant sur-

1. M. Aug. Le Prevost a publié ce document, avant moi, dans la revue intitulée : *Archives de la Normandie.*

tout d'engager ou de compromettre les parties. Je
citerai un exemple : Froissart raconte, avec le
charme de son style, comment on s'occupait, autour de Charles VI, du soin de le marier à une princesse allemande, l'alliance avec les pays d'Outre-
Rhin étant considérée, en 1385, comme très-profi-
table à la France. On jeta les yeux sur la belle
Isabeau, fille du duc de Bavière, mais son père ne
la voulait laisser partir ; il craignait qu'elle ne plût
pas au roi, et il disait : « Si serois trop courroucé si
on avoit mené ma fille en France et puis que elle
me fut ramenée, j'ai assez plus cher que je la marie
à mon aise de lez moi ; » et Froissart ajoute : « Pour
ce que cette dame étoit de lointain pays et tant que
de Bavière elle amenée en France, on ne sçavoit si
elle seroit à la plaisance du roi de France ; autrement c'étoit tout rompu. » Isabelle arrive cependant
à Amiens sous prétexte de pèlerinage, et l'entrevue
avec Charles VI prouverait, si l'on se fiait à Froissart, que le roi n'avait aucune idée de la beauté de
sa fiancée : « Il la regarda de grand'manière, en ce
regard plaisance et amour lui entrèrent au cuer,
car il la vit belle et jeune [1]. »

Il manque à ce récit une circonstance essentielle.
Froissart, qui s'enquit de tant de choses, ne put
savoir toutes choses, et il ignorait que le duc de
Bavière avant d'envoyer sa fille, et Charles VI ou

---

1. Qu'on relise dans Froissart tout le chapitre CCXXXVI : *Comment le roi
Charles VI voult avoir à femme madame Ysabelle, fille du duc Etienne de Bavière.*

ses oncles avant de l'attirer à la cour de France,
s'étaient aidés d'un bon portrait pour s'éviter la plus
grosse chance des mécomptes. Le religieux de Saint-
Denis, grave chroniqueur, qui enregistre chaque soir
les événements de chaque jour, était mieux instruit
des détails, et il raconte ainsi : Les princes du sang
voulaient marier le roi ; Philippe le Hardi, duc de
Bourgogne, vantait l'alliance importante et les
charmes séduisants d'Isabelle de Bavière ; un autre
conseillait la fille d'un duc d'Autriche ; un troisième
opinait pour une princesse de Lorraine. A la fin ne
pouvant s'entendre, ils s'en remettent à la décision
du roi, se contentant d'envoyer le plus habile peintre dans les trois contrées pour faire le portrait
des trois princesses. Le roi vit ces portraits, et il
donna la préférence à madame Isabelle de Bavière,
âgée de quatorze ans, jugeant qu'elle surpassait les
deux autres en grâce et en beauté [1]. Ces sages précautions devinrent habituelles, et c'est ainsi qu'on
vit, en 1428, à la cour de Portugal, sans étonnement et sans en être choqué, arriver le grand peintre Jean Van Eyck [2] avec les ambassadeurs du duc

1. Cap. V. « De matrimonio Karoli regis Francie : Jam jamque videntes regni
principes, quod rex, juventutis robustam maturitatem nactus, actenus sine conjuge
fuerat, ut ei filius heres legittimus in regnum succederet, cum ejus patruis et cogna-
tis consilium inierunt, ut ei de matrimonio provideretur honesto. — Tandem tamen
verbalis disceptacionis finem complacencie regie concorditer submiserunt ad regiones
memoratas pictorem peritissimum mittentes, qui trium insignium puellarum graciosas
facies tabulis effigiaret. Quas cum regi obtulissent, dominam Ysabellam de Bavaria,
quartum decimum annum agentem preelegit et longe ante alias specie et pulchritudine
insignem judicavit. »

2. Voir, pour cette ambassade et ce portrait de Jean van Eyck, le tome I des preuves
de l'Histoire des Ducs de Bourgogne, p. xxx.

Philippe le Bon et se mettre à peindre le portrait
de l'infante pendant que les plénipotentiaires de-
mandaient sa main. Dès lors l'étiquette des portraits de mariage était fondée, et elle s'est mainte-
nue en dépit de tous les mécomptes [1].

Il serait puéril de rechercher si le besoin de la
ressemblance a précédé le talent qui pouvait la reproduire, ou si, au contraire, c'est un portrait bien
réussi qui a rendu le public exigeant. Je crois ces
deux actions simultanées et augmentant l'une par
l'autre leur puissance. Au XVe siècle ce n'était plus

---

1. L'histoire et les mémoires du XVIe siècle sont remplis d'anecdotes qu'on pourrait citer à propos de ces portraits, mais je préfère renvoyer à ces livres qui sont à la
portée de l'érudition.

Gérard de Pleine écrit de Londres, le 30 juin 1514, à Marguerite d'Autriche :
« Madame, je ne vous ay riens voulu escripre de Madame la princesse (Marie d'Angleterre qui épousa l'année suivante le roi Louis XII.) jusques à ce que l'aye veue
par plusieurs fois, je vous certifie que c'est l'une des belles filles que l'on sçauroit
voir. — Il me semble qu'elle ayme Monseigneur (Charles, prince de Castille) merveilleusement, elle a ung tableau où il est très mal contrefait, il n'est jour du monde
qu'elle ne le veulle voir plus de dix fois. » Il dit plus loin : « Le peintre a pourtrait madame Marie assez bien. » (Lettres du roi Louis XII, publiées par Godefroy.)

Holbein, comme on sait, passa plusieurs fois le détroit pour peindre des beautés
princières dont le roi Henri VIII convoitait la main ; j'en parlerai plus bas, ainsi que
de trois peintres mis en réquisition pour donner à Henri III le moyen d'arrêter son
choix.

Un portrait fut l'origine et fait le nœud de cette intrigue inexpliquée qui a nom
Don Carlos. Je laisse parler Brantôme : « Elisabeth de France fut promise en mariage à Don Carlos, mais le roi d'Espagne, son père, venant à estre veuf, ayant veu
le portrait de madame Elisabeth et la trouvant fort belle et fort à son gré, en coupa
l'herbe sous le pied à son fils et la prit pour lui, commençant cette charité par soy
même. » (*Dames illustres*, disc. iv.)

J'ai trouvé à Rouen, dans la collection Leber, no 5724, une lettre de Louise de
Bretagne, dame d'honneur d'Élisabeth de France, reine d'Espagne, adressée à Catherine de Médicis, et dans laquelle, au milieu de longs détails sur la cour de Madrid,
on lit ce passage :

« Quant vostre courrier est arivé, le roy ne faisoit que partir de la chambre de la
reine, et la princesse y estoit qui trouva les deus paintures fort belles, prinsipalle-
mant la petite madame, et sur l'eure arriva le prinse à qui il furent montrées et lui
demandes qui lui semblet la plus belle, il me fit réponse la chiquelx (miquilse ?) ou je
lui dis qu'il avoit raison pour ce qu'elle estoit mieus pour lui, de quoi il se prist à
rire et rougir. — De Tollède, le vi de feuvrier (1560-61). Loise de Bretaigne. »

une question, la ressemblance était un droit pour ceux-ci, une obligation pour ceux-là. Dans les vitraux [1], sur les tableaux d'autel et sur les miniatures des manuscrits, sur les marbres et sur les pierres de liais sculptées, le donataire figure dans sa réalité, et on sent, à son air attentif, que l'artiste l'a surpris dans toute la contraction gênée d'un modèle qui pose consciencieusement. Nous devons à cet amour de la vérité et au talent qui en devint le complice, un musée iconographique complet. Complet? Il l'était en 1793; ses lacunes peuvent être comblées aujourd'hui au moyen des copies et des gravures exécutées avant cette date fatale.

Ce besoin de la ressemblance, cette passion de l'exactitude ne s'arrêtèrent pas au portrait, ou plutôt ils s'étendirent au portrait fidèle de chaque chose [2]. Un aventureux navigateur allait-il à la découverte de

1. « A Nantes, » dit M. de Guilhermy (*Ann. archéol.*, II, p. 47), « on assure qu'une collection particulière possède les vitraux historiques qui garnissaient, au fond de la principale nef de l'église des Cordeliers, dont la fondation remontait au xiiie siècle, une immense fenêtre: ils représentaient, en costume de cérémonie, le duc François Ier et sa femme, Isabelle d'Écosse, Marie de Bretagne et Jean, vicomte de Rohan, son mari, François II, le dernier duc, et la duchesse Marguerite. » Je n'ai pas encore découvert cette collection particulière, qui nous permettrait de reproduire mieux que ne le fait le P. Montfaucon ces figures historiques. Je donne cette indication afin qu'elle serve aux recherches locales; je n'ai pas l'intention de citer, de discuter surtout, les nombreux monuments qui sont parvenus jusqu'à nous. Il faudrait visiter toutes nos églises, enregistrer tous les monuments, faire la revue de toutes nos verrières, parcourir tous nos manuscrits à miniature. Ce grand inventaire se fera par nous ou par d'autres, mais ce n'est pas ici le lieu.

2. On trouve dans le dixième et dernier compte de Jehan Briçonnet, conseiller du roi, pour l'année 1473 :

« A Jehan Galant, marchand de Tours, 3,200 liv. 15 sols pour 318 marcs 3 onces d'argent blanc pour employer à faire 2 villes d'argent, l'une à la semblance de la ville de Dieppe pesant 160 marcs 4 onces, et l'autre de la ville d'Arques pesant 157

ces mille mondes qui s'appellent aujourd'hui le
Nouveau-Monde, il emmenait avec lui un peintre
de talent pour porter témoignage de ses assertions
et donner à la plume, toujours trop merveilleuse,
la garantie incontestable des pinceaux [1]. Un pèlerin, après dix siècles de croisades et de pèleri-
nages, n'osait plus raconter ce qu'il avait vu en
terre sainte, s'il ne rapportait, avec son journal,
les dessins exacts des lieux qu'il avait visités. Ce
que Christophe Colomb n'avait pas montré à Lis-
bonne et à Madrid, nos hardis marins l'avaient dé-
roulé aux yeux étonnés des Dieppois qui cessaient
d'être incrédules [2]. Ce qui manquait au récit de

---

marcs 7 onces, lesquelles il (Louis XI) a ordonné être faites et présentées à sa dévo-
tion à N. D. de Cléry. »

« A Jehan de Lus, 336 liv. 2 s. 9 d. pour sa peine, salaire, et avoir mis en œuvre
et façon desdites villes et pour aucuns coffres de bois pour mettre et poser lesdites
villes, de Blois à Cléry et avoir fait plusieurs pièces de fer pour asseoir lesdites villes
en ladite église. »

1. Pour la France nous avons une preuve positive dans le récit du capitaine Gonneville d'Honfleur, qui découvrit en 1503-1504 la Nouvelle-Hollande. Voici le passage qui nous intéresse dans cette curieuse narration :

« Disent oustre, avoir entré dans ledit pays, bien deux journées avant et le long
des costes d'avantage, tant à dextre que senestre et avoir remerché ledit pays estre
fertile ; pourvueu de forces bestes, oiseaux, poissons et autres choses singulières, in-
connuës en chrestienté et dont feu maistre Nicole Lefebure d'Honfleur, qui estoit vo-
lontaire au viage, curieux , et personnage de sçavoir, avoit pourtrayé les façons; ce
qui a été perdu, avec les journaux du veage, lors du piratement de la navire, laquelle
perte est à cause qu'icy sont maintes choses et bonnes rechierches obmises. »

Le charpentier du navire était en outre toujours *expert en ymaginerie*, et ici il en
donne la preuve en taillant et sculptant une grande croix qui fut dressée sur une
éminence en vue de la mer « le jour de la grande Pasques 1504 pour laisser marches
audit pays qu'il avoit là abordé des chrestiens. »

Je renvoie, pour de plus longs fragments de cette narration, aux *Mémoires touchant
l'établissement d'une mission chrétienne dans le troisième monde, autrement appelé
la terre australe, méridionale, antarctique et inconnue*, par l'abbé Binot-Paulmier de
Gonneville, 1663.

2. La frise de la façade du trésor dans l'église Saint-Jacques de Dieppe. Monument d'autant plus curieux qu'il est fort rare de voir à cette époque (1520-1530) et
dans une église, la représentation exacte et assez heureuse d'une sorte de procession

Marco-Polo, Breydenbach et ses imitateurs l'offraient désormais au public [1].

On poussa même l'exactitude au point de dépasser le but. Louis XI commande-t-il à Hugo Van der Goes un Christ sur la croix pour le placer dans la chapelle qui était au bout de la grande salle du palais [2]; un des abbés de Saint-Germain-des-Prés

---

de sauvages de l'Afrique et de l'Amérique, avec leurs costumes, les arbres et les animaux particuliers à ces lointaines contrées. On ne s'explique la présence de cette scène dans une église qu'en forme d'ex-voto. Rien, en effet, de plus naturel qu'un vœu fait par ces hardis Dieppois, sur les terres inconnues qu'ils découvraient, de contribuer à la décoration de leur église, s'il leur était donné de la revoir. Au retour, la fabrique décide qu'une nouvelle façade sera construite pour servir d'entrée au trésor, que l'argent des marins y sera appliqué: quoi de plus naturel alors que de tolérer, en guise d'inscription commémorative, cette scène, souvenir cher aux marins, à leurs femmes et enfants, à toute la population de Dieppe, nombreuse famille associée aux grandes entreprises de ses courageux membres.

Quant aux ressources que trouvaient les artistes imaginiers de la localité pour rendre ces types nouveaux et ces costumes étranges, ces arbres, ces oiseaux, ces reptiles, ces singes; les documents nous apprennent que les modèles apportés par les navires abondaient à Dieppe, témoignages vivants de la véracité des grands explorateurs. En effet, le marin qui découvrit la Nouvelle-Hollande en 1503, Gonneville de Honfleur, nous le dit dans son récit : *C'est coutume à ceux qui parviennent à nouvelles terres des Indes d'en amener en chrestienté aucuns Indiens;* et pour s'y conformer il en ramène deux. (Voir la note précédente)

1. Je n'ai pas le courage de parler de ce voyageur et de Ehrard Rewich d'Utrecht, l'artiste de talent qui l'accompagna en Terre-Sainte dans l'année 1483. J'en ai traité déjà bien longuement dans mon commentaire géographique sur la Bible (page xliii) et dans la nouvelle édition du voyage de Breydenbach que j'ai préparée depuis longtemps.

2. Ce sont des conjectures, mais voici sur quoi elles s'appuient. Le tableau, un tableau digne du musée du Louvre, est encore au Palais-de-Justice, chambre de la Cour d'appel, et il offre la plus grande analogie avec les tableaux authentiques de l'élève des Van Eyck, de Hugo van der Goes (voir les Ducs de Bourgogne, tome I, p. clx). On remarque sur le premier plan les figures de Charlemagne et de saint Louis, qui assignent à ce tableau la même destination que les images sculptées, placées par ordre de Louis XI aux deux côtés de la chapelle, et en 1479, date probable de ce tableau : « A Robert Cailletel pour employer ès ouvrages de maçonnerie, menuiserie, tabernacle, verrières, peintures et autres choses ordonnées estre faits le plus honnestement et richement que faire se peult en la chapelle estant au bout de la grant salle à Paris, où messieurs du Parlement oyent la messe, en laquelle le Roy a voulu estre mis et posez les ymages de Nostre-Dame, de Mons. saint Charlemagne et saint Loys. » — 1130 liv. 11 s. (Sixième et dernier compte de Pierre Lailly pour l'année 1479.)

charge-t-il un bon peintre français, un Bourdichon ou un Perréal, de peindre une déposition de croix pour son église; que font ces artistes? pour modèles de leurs figures, ils prennent des personnages connus, le roi et l'abbé, et pour la ville de Jérusalem, ne voulant plus copier ces villes fantastiques dont se contentait la bonhomie de leurs pères, ils peignent leur vue d'après nature, seulement c'est la vue du Louvre [1].

Dès lors, le luxe du tombeau, la richesse des émaux armoyés, l'éclat de la dorure, la splendeur des marbres et de l'albâtre ne vinrent qu'en seconde ligne dans ces préoccupations dernières qui assiégent le vivant. Le véritable souci des fondateurs fut la ressemblance, l'attitude et jusqu'aux minuties du costume [2]. Voyez ce même Louis XI; pendant plus de dix ans [3], il songe aux moyens de laisser sur sa

---

1. Ce beau tableau est au Louvre, il a été lithographié en couleur, d'un ton faux qui ne rend pas le coloris de l'original, pour la monographie de Paris, publiée par ordre du Gouvernement, par M. Alb. Lenoir. Lichtemon, Foucquet, Bourdichon et Perreal étaient, à la cour, les quatre peintres de talent de cette époque.

2. L'Histoire des ducs de Bourgogne et les extraits que j'ai faits des comptes royaux sont remplis de preuves de ce genre. Dans l'interrogatoire de Jeanne d'Arc, à Rouen en 1431 et dans les questions adressées aux témoins, on voit se révéler, à propos de portraits, la malicieuse préoccupation des juges ; mais toutes les réponses établissent que la noble fille n'avait voulu poser devant aucun peintre, ce qui n'avait pas empêché de faire circuler des images et des médailles, *ad suam similitudinem.*

3. Durant cet espace de temps, il fait exécuter sa statue d'argent pour la placer devant la châsse de saint Martin, qu'il avait donnée à l'église de Tours. Nous avons tous les détails de la fabrication de cette châsse et de son magnifique treillis d'argent. On les trouvera dans le quatrieme volume de mon *Histoire des Ducs de Bourgogne,* avec quelques particularités sur d'autres statues et portraits du même prince, excessif en tout. Je citerai le détail suivant :

« A André Mangot, orfevre à Tours, 5 liv. 5 s. pour une pièce platte d'argent doré, pesant un once, six gros et en icelle avoir fait escrire et graver en lettres esmaillées *Rex Francorum Ludovicus XI hoc fecit fieri opus, anno m. cccc. lxxiiij,* qui a esté

tombe le souvenir vivant de sa dépouille mortelle.
En 1474, il demande à Fouquet, le plus habile
peintre, à Michel Colombe, le plus célèbre sculpteur [1], des modèles et projets de tombes *à sa pourtraicture et semblance*. Peu satisfait de ce qu'on lui
soumet, il s'adresse, vers 1482, à maistre Colin,
d'Amiens, autre peintre renommé dans ce temps [2].

---

mise devant la chasse de Mons. saint Martin de Tours, du commandement du Roy sur
une semblance du roy faite d'argent. » (Dixième et dernier compte de Me Briçonnet,
du 1er octobre au dernier décembre 1474.)

1. « A Michau Colombe, tailleur d'image, et Jehan Fouquet, peintre à Tours,
22 liv. sçavoir audit Colombe 13 liv. 15 s. pour avoir taillé en pierre un petit patron
en forme de tombe qu'il a fait du commandement du Roy et à sa pourtraiture et semblance, pour sur ce avoir avis à la tombe que le roy ordonnera estre faite pour sa sépulture et audit Fouquet pour avoir tiré et peint sur parchemin un autre patron pour
semblable cause. » (Huitième compte de sire Jehan Briçonnet, conseiller du roi et
receveur général de ses finances au pays de Languedoïl pour l'année finie en septembre 1474.)

Et cet autre article pour peindre le portrait bien ressemblant du petit dauphin qui
n'avait que quelques mois, et qu'il plaçait sous la protection de la sainte Vierge :

« A maistre Galois Gourdin, prestre, chappellain du Roy nostre sire, la somme de
xxiii liv. xii s. vi d. laquelle ledit seigneur lui a ordonnée et fait bailler comptant le
xxie jour dudit mois de janvier pour faire parachever ung tabernacle, lequel est ja
commencé à faire, pour mectre à l'entour et enfermer l'imaige de Nostre Dame estant en la chappelle de dessoubs le cueur, près les fondemens de l'église Nostre-
Dame de Chartres et pour faire paindre audit tabernacle ung enfant à la pourtraicture
et semblance de Monseigneur le daulphin, ainsi que ledit seigneur lui a ordonné et
commandé faire. » — xxiii liv. xii s. vi d. (Compte cinquième de M. André Briçonnet, pour treize mois commençans le 1er octobre 1470.)

2. Gaignières nous a conservé avec son zèle si précieux et sa négligence si coupable,
le dessin qui était joint aux trois documents autographes :

« Mestre Colin d'Amiens, il faut que vous faciez la pourtraiture du Roy nostre
sire : c'est assavoir qui soit à genoux sur ung carreaul comme icy dessoubs et son
chien costé luy, son chappeaul entre ses mains jointes, son espée à son costé, son
cornet pendant à ses espaules par d'arrière, monstrant les deux botz. Oultre plus fault
des brodequins, non point des ouseaulx, le plus honneste que fere ce porra ; habillé
comme ung chasseur, a tout le plus beau visaige que pourrés fere et jeune et plain, le
netz longuet et ung petit hault, comme savez et ne le fectes point chauve. (Ici le dessin.)

Le netz aquillon,
Les cheveux plus longs derrière,
Le collet plus bas moiennement,
L'ordre plus longue et basse; sainct Michel bien fait,
Item le cornet mis en escherpe,
L'espée plus cortet en fasson d'armes,

Ce prince, si soupçonneux dans son avarice, prodigue l'argent pour obtenir une reproduction fidèle
de sa pose *à genoux sur ung carreaul*, telle que
l'avait tracé, d'après nature et à sa satisfaction, ce
nouveau peintre. Il lui fallait *son chien costé luy*; il
recommandait à l'orfévre-fondeur d'imiter *son chappeaul entre ses mains joinctes, son épée à son costé,*

Item les poulsses tous droiz, le chapoz bien renverssé.

Cette recommandation, faite au peintre, est écrite de la main de J. Bourré des deux
côtés et au bas du dessin original, croquis tremblotté, assez pauvre. Nous trouvons
ensuite une lettre de Hervé de la Couste, espèce d'entrepreneur, adressée : « A mon
très honnoré et redoublé seigneur, monseigneur Duplexis, maistre Jehan Bourré,
gouverneur de monseigneur le Daulphin :

« Mon tres honnoré seigneur, je me recommande humblement à vostre bonne
grâce. Il vous a pleu me mander, par ceulx de Cleri, que m'en allasse par devers
vous et que menasse Guion avecques moy et Jehan Lorens, pour la sépulture du Roy.
Jehan Lorens en a fait ung portrait, lequel vous porterons dedens quinze jours : et
ay fait venir ce porteur de cestes, lequel est le plus habille homme, pour dorer, qui
soit au Reaulme de France, et pour y besoingner en fonte, ou il besoingner au
marteau pour les lever en quelle façon que en vouldra. Et se je l'entreprent à faire,
je fairé que aurez honneur, ou aultrement ne m'en vouldroie point mesler. Interro-
guez cest porteur se il est possible de dorer cuivre fondu d'ung posse d'espès, car il
m'a dit qu'il le fera : et si le fait, ne vous soussiez de la besoingne, car jamais chose
ne fust faicte si riche ; car je y ay bien le cuear. Pour ce, mon très honnoré seigneur,
je vous prie que me mandez vostre plaisir, car je scay que d'aultres ont esté devers
vous, qu'il ne sarroient amander la faulte et n'ont pas de quoy ; et n'est pas besoingne à bailler à gens qui n'ont pas de quoy amander la faulte, se le cas y avenoit. Et
pour ce, mon tres honnoré seigneur, mandez, si vous plaist, vostre plaisir : en priant
à Dieu qu'il vous doint santé et joie et bonne vie et longue et accomplissement de voz
hault et nobles désirs. Escript à Orléans, le xxᵉ jour de may.

          « Le tout vostre,

                    « HERVÉ DE LA COUSTE. »

Voici ce que maitre Jehan Bourré écrit au sujet de cette soumission d'entrepreneur. C'en est le commentaire ; on verra plus loin que l'orfévre de Paris, loin d'être
favorisé, fut supplanté par Conrart de Cologne :

« Le porteur de cestes fut Robert le Noble, orfèvre, demourant à Paris, qui a offert
faire la sépulture du Roy selon le patron que je lui monstre, qui est fait de Colin
d'Amiens : c'est assavoir, une foiz à genoulx et en levé et la tombe plate et les personnages piaz, le tout fait au burin et dorez bien fin vermeilz et renduz assis, et fournir
de toutes choses, pour le pris de iij m. v c. escuz d'or ; ou faire la tombe et tous les
personnages en levez, de fonte ou de forge et aussi le personnage à genoulx, selon
les patrons, bien fin vermeilz dorez, renduz et assiz en leur place et fournies de
toutes choses, pour le pris et somme de v m. escuz pour tout, sans qu'il faille fournir
d'aucune chose ne pour l'un ne pour l'autre, sinon v m. escuz pour les dictes,

son cornet pendant à ses espaules, habillé comme ung chasseur, a tout le plus beau visaige que pourrés fere. Je passe bien d'autres recommandations, telles par exemple que de faire *les pouces tout droits*, pose particulière au roi, elles tendaient toutes à obtenir un véritable portrait. Et comment nous étonnerions-nous de voir cette passion si vive

---

choses enlevées et iijm. v c. pour lesdictes choses au burin, reservé le personnage à genoulx, qui en tous cas doit estre enlevé. »

Ce qui précède n'était que propositions, ce que nous dirions *soumissions cachetées;* mais voici l'adjudication définitive, le marché conclu :

« Le xxiiije jour de janvier, l'an mil iiij c. iiij xx. et ung (1482.) a esté faict marché et appoinctement par noble homme maistre Jehan Bourré, seigneur Duplessis Bourré, conseiller du Roy, nostre sire, et trésorier de France, avecques Conrat de Coulongne, orfèvre, et maistre Laurens Wrine, cannonier du Roy, nostre sire, demourans à Tours, tel qui s'ensuit : c'estassavoir que les dessusdicts et chascun d'eulx seul et pour le tout, sans division, ont promis et promettent faire une pourtreture, a la samblance et de la haulteur du Roy nostre sire, qui soit à genoulx devant l'ymage de Nostre Dame de Clery, au bout de la tombe de pierre que le dict seigneur a ordonnée estre faicte sur la représentacion de sa sépulture. Et sera ladicte pourtreture de cuyvre de fonte, de l'espesseur de deux doiz et enlevé du grant et du gros, aprouchant de la personne du Roy le plus qu'ilz pourront et tout vermeil doré de fin or ou de ducatz : et aura dessoubz les genoulz ung coessin esmaillé de fin azur et sepmé de fleurs de lis dorées : et aura son ordre au coul et son chapeau entre les mains joinctes, et selon le devis et patron de painture qui leur a esté baillé par ledict seigneur Duplessis, lequel patron ilz seront tenuz lui rendre. Item feront aux coustez et aux deux boutz de la tumbe de pierre, six escussons, aux armes du Roy, de cuyvre de fonte et bien dorez : c'est assavoir deux de chascun cousté et ung a chascun bout ; et les y asserront et aussi rendront ledict personnage assis en sa place en ladicte église Nostre Dame de Clery, et aussi lesdicts escussons, à leurs propres coustz et despens dedans ung an prouchain venant, ou plus toust, se possible leur est et n'entreprandront aucune chose à faire jusques ad ce que ce soit fait. Et pour faire et accomplir bien et deuement ce que dit est dessus et le mieulx et le plus près du vif qui sera possible, audit de gens ouvriers en ce congnoissans, leur a esté promis la somme de mil escuz d'or, ou la valleur, que maistre Jehan Cornilleau, chanoine de ladicte église de Clery, ad ce présent et stipulant pour maistre Guillaume Martin, aussi chanoine d'icelle église et commis à faire les paiemens et à tenir le compte des ouvrages que ledict seigneur a ordonné estre faiz en ladicte église, leur a promis paier pour toutes choses ; c'est assavoir deux cents cinquante escuz dedans trois sepmaines et troys moys après ensuivans autres deux cens cinquante escuz et quant ladicte pourtreture sera preste à dorer, le surplus, montant cinq cens escuz.....

« Fait et passé en la court du Roy nostre sire, à Amboise, ès présences de Marc Chahureau, maçon et Fouquet Havart, portier du chastel d'Amboise, par A Guillon. »

quand nous la trouvons si répandue, qu'elle atteint
même au delà des limites de la culture des arts !
Mohammed II, le grand sultan, n'est-il pas atteint,
lui aussi, de la même fantaisie[1] ? C'était après le
traité de paix du 26 janvier 1479, qui consacrait
les nouvelles défaites de la chrétienté et la cession,
par la république de Venise, de la ville de Scutari
et des autres places fortes qu'elle possédait en Asie.
Le sultan envoya alors une ambassade à Venise.
Son tschauch[2] traita fort cavalièrement le doge et les
sénateurs, mais il se radoucit quelque peu en ex-
primant le désir le plus vif de son maître. Mohammed, le chef des Ottomans et le représentant du
prophète, voulait qu'on lui amenât le meilleur
peintre de la république[3], afin d'avoir le portrait
fidèle de sa personne, de sa famille et de sa cour.
La république prit le désir très au sérieux, car elle
choisit entre les deux fils de Jacob Bellini, non pas
sans doute le plus grand artiste, mais le talent le
plus consciencieux, le plus fidèle, le peintre enfin
le plus capable de rendre au sultan le sultan lui-
même[4]. On sait comment Gentile Bellini s'acquitta

---

1. Voir Vasari, vies des peintres Jacob, Gentile et Jean Bellini.

2. Le sultan n'avait pas jugé convenable d'envoyer un officier plus élevé en grade.

3. Marino Sanuto suppose un envoyé spécial qui demande un peintre de la part du
sultan : « 1479. A di primo agosto, venne un orator Judeo del signor Turco, con let-
tere. Vuol la Signoria li mandi un buon pittor, e invidò il Dose vadi a onorar le nozze
di suo fiol. Li fu resposto ringraziandolo e mandato Zentil Bellin ottimo pittor; qual
ando con le galie di Romania, e la Signoria li pago le spese, et parti a di 3 settembre. »
Malipiero dans ses *Annali Veneti* parle aussi d'*un audio* qui vient chercher à Venise
un bon depentor.

4. Un beau portrait de Mohammed II, par G. Bellini, se trouvait, il y a vingt-cinq
ans, à Venise dans le palais Zeno; il a passé en Angleterre.

de sa mission ; je ne prendrai dans sa biographie
qu'une anecdote. Il peignait la décollation de saint
Jean-Baptiste [1] à Constantinople, en 1480, sous les
yeux du sultan (on croit rêver). Mohammed admirait, mais il remarque que le peintre a imprimé aux
chairs du col le laisser-aller de la mort; il conteste
l'exactitude de ce détail. Le peintre ne se rend pas
à ses raisons, et maintient qu'il a bien observé et
fidèlement rendu; le farouche sultan s'impatiente;
il se croit artiste aussi en ce genre; il tire son grand
sabre. Vous croyez que c'en est fait de Gentile Bellini, rassurez-vous; on amène un esclave, Mohammed lui coupe proprement la tête et prouve au
peintre de la république qu'il n'a pas remarqué
cette vive et subite contraction qu'éprouvent les
chairs au passage de l'instrument tranchant.

M. de Hammer [2] a contesté plusieurs actes de
cruauté attribués à ce grand homme de guerre, et

---

1. Ridolfi nous a conservé cette anecdote dans ses *Vite de' Pittori Veneti*. Le
sultan louait l'excellence du tableau, mais il fit remarquer à Gentile Bellini : « Che
il collo troppo sopravanzava dal capo; e parendogli che Gentile rimanesse sospeso,
per fargli vedere il naturale effetto, fatto a se venire uno schiavo gli fece troncar la
testa, dimostrandogli come, divisa dal busto, il collo affatto si ritirava. » Ridolfi
ajoute que depuis ce moment Bellini eut le mal du pays; on l'aurait eu à moins.

2. J'avais espéré trouver dans les dix gros volumes de M. de Hammer quelques
documents sur cet événement, unique à cette date, dans l'histoire musulmane, et à
leur défaut, quelques réflexions sur ce fait étrange d'un peintre italien appelé à la
cour du sultan, faisant son portrait, et, si l'on en croit les traditions, admis dans une
sorte de familiarité. Il n'en est pas dit un mot; seulement quand il s'agit de Laurent
de Médicis, l'auteur parle de la considération dont jouissait ce prince libéral près du
sultan, et il ajoute : « Le peintre florentin Bellino qu'il avait envoyé à Constantinople
pour dessiner les anciens monuments, avait entretenu ces dispositions favorables. »
Tome II, p. 179. A part les erreurs, il est curieux de voir M. de Hammer accepter le
rôle et l'influence de Bellin, à la cour du sultan, et contester la cruauté de ce des-
pote. L'une était cependant fort insolite à Constantinople, l'autre assez habituelle
chez Mohammed II.

il en avait le droit, car la collection en est horrible.
Je ne sais donc si cette tradition a de bons répou-
dants, mais elle est ancienne et suppose chez les
contemporains cette idée que l'exacte reproduction,
la ressemblance scrupuleuse jusque dans ces moin-
dres détails était la passion, je dirai presque la
maladie du temps.

Cependant, avant d'être arrivé à ce degré de talent qui motive les exigences de Louis XI, à cette
minutie de détail qui explique la critique du sultan
Mohammed II, on s'était contenté d'à-peu-près qui
satisfaisaient des goûts peu difficiles, et les demeures
se remplissaient de portraits dont on forma des collections aussitôt que la passion du collecteur s'en
mêla. Le château de Bicêtre, construit par Jean,
évêque de Wincester, mais reconstruit ou terminé
en 1409 par Jean, duc de Berry, avec cette magnificence et ce goût dont il eut dans son temps le privilége, sinon le monopole, offrait dans ses galeries
une suite des portraits des rois de France [1]. Les
inventaires de nos rois et princes prouvent que les
portraits s'accumulèrent de bonne heure dans leurs
demeures. Les peintres attachés à leur personne
n'étaient pas leurs seuls fournisseurs ; on s'adressait
réciproquement des portraits, on les demandait,
on les faisait faire soit par des peintres qu'on en-

---

1 Je ne sais pas où M. Ameilhon (*Notices des Manuscrits de la Bibliothèque du
Roi*, tome VI, p. 470.) a puisé ce renseignement; Sauval parle seulement de peintures : « Château rebâti magnifiquement par le duc de Berry, jusqu'à l'enrichir de
peintures et de châssis de verre. — En 1411, il fut brûlé et démoli de sorte, par cer-

voyait au loin avec cette mission, soit par des peintres étrangers résidant près du personnage et que
l'on commissionnait à cet effet[1]. Toutefois, il est bon
de remarquer que l'usage des portraits appendus au
mur, comme décoration d'appartement, ne fut un
peu général que dans le xvie siècle. Au xve siècle,
la vie, sous la pression des exactions, des guerres
et des émeutes, avait un caractère nomade qui ne
permettait pas, sans grande imprudence, d'immo-
biliser son avoir[2]. Dans la première moitié du xvi[e]
siècle, on figurait encore les personnages éminents
sur les tapisseries[3], soit en séries encadrées, soit,
et plutôt, au milieu de scènes historiques. Quelque-

tains bouchers séditieux appelés Gois, qu'il ne resta que les murailles. » (*Hist. de Paris*, t. II, p. 117.)

1. Je prends un peu au hasard, dans mes documents du xve siècle, le renseignement qui suit : « A Jehannet de Milan, peintre du duc de Milan, pour un tableau où
sont tirez, auprès du vif le feu duc de Milan et son fils à présent duc de Milan. —
41 liv. 5 s. »

« Ledit Jehan Briçonnet, 1114 liv. 5 s. 6 d., pour la despense de maistre Tristan,
frère naturel du duc de Milan et de ceux de sa compaignie, venus en ambassade de
par ledit Duc devers le Roy, touchant le mariage du duc avec Madame Bonne de Sa-
voye, seur de la Royne. » (Deuxième compte de sire Jehan Briçonnet, recev. général
des finances ès pays de Langued'oil, pour l'année finie en septembre 1468.) Je renvoie
à mon *Histoire des Ducs de Bourgogne*, qui est remplie de pareils renseignements.

2. A partir de la fin du xiiie siècle, c'est-à-dire aussitôt que l'or et l'échiquier ne
remplissent plus les fonds des miniatures, on peut suivre et reconnaître dans la
marche progressive de l'ameublement, l'envahissement lent mais continu du portrait,
qui se substitue au tableau de sainteté, d'abord en s'y introduisant sous la figure du
donateur, et puis plus tard en ne donnant place qu'à la figure du seigneur de la maison, isolée, et telle que nous l'entendons pour répondre au mot portrait.

3. Lorsque Brantôme veut comparer les anciennes modes aux nouvelles, c'est dans
de vieilles tapisseries plutôt que dans les anciens tableaux qu'il cherche ses renseignements : « On donne le los à la Royne Ysabelle de Bavieres, femme du Roy Charles
sixiesme, d'avoir apporté en France les pompes et les gorgiasetez pour bien habiller
superbement et gorgiasement les dames; mais, à voir dans les vieilles tapisseries de ce
temps, des maisons de nos rois, où sont pourtraites les dames ainsi habillées qu'elles
estoient pour lors; ce ne sont que toutes droleries, bifferies et grosseries, aux prix
des belles et superbes façons, coeffures, gentilles inventions et ornemens de nostre
reyne Marguerite. » (*Dames illust.*, disc. v.)

fois aussi, on peignait leurs portraits sur ces avant-corps formés par les vastes cheminées du temps [1], tantôt en médaillons soutenus par des Victoires, tantôt entourés de leurs pages et de leurs serviteurs. Les véritables collections de portraits ne se trouvèrent que dans un palais où elles offraient la suite des rois, et dans une abbaye comme celle de Clairvaux, où la salle des abbés présentait, en 1517, la série complète de ses directeurs, depuis et y compris le fondateur, le grand saint Bernard [2].

---

1. On lit ce qui suit dans une satire qui fut répandue sous ce titre : « Coppie de la supplication faicte par le sieur du Brusquet, premier fol du Roy, aux députez estant assemblez, sur le faît de la paix, en la ville d'Augsbourg, l'an 1555 : Tout le monde dira que vous êtes les plus sages, les plus honnestes et plus vertueulx que jamais furent au monde et l'on vous paindra par touttes les cheminées et tapisseries de tout le monde, disant : Voichy ceulx qui ont mis tout le monde en payx. » (Mss. de la Bibliothèque de La Haye, nᵒ 1326, cité par M. Jubinal dans sa lettre à M. de Salvandy, page 126.)

2. Nous possédons une ancienne description très-détaillée de la grande abbaye de Clairvaux, description écrite en 1517, et dernièrement publiée par M. Henri Michelant (*Annales archéol.*, tome III, p. 223). En lisant cette peinture naïve, il semble qu'on parcourt les grands couvents de l'Orient : du Sinaï, du Liban, du mont Athos. Ces détails du ménage de la famille monacale sont et seront toujours identiques, car ils découlent des nécessités de ce genre d'association. Voici le début du Mss. de Lorry lez Metz :

« S'ensuict le voiaige que la Royne de Secile, monseigneur le conte de Guyse et madame la contesse sa femme ont faictz de Joinville à Clervaulx.

« Ladite Dame et seigneur avec leur estat partirent de Joinville pour aller audit Clervaulx, le lundi xiiiije jour de juillet mil v c. xvij.

« Le mardi en suyvant, xve jour dudict mois, environ huict heures du matin, ladict dame Royne, seigneur conte et dame contesse allèrent en ladicte esglise pour oyr messe.

« Item ladicte grande messe achevée, fut menée ladicte Dame, par le prieur assisté de plusieurs religieulx, au revestiaire de ladicte esglise et la furent montréz plusieurs beaulx et dévots riches reliquaires. » Les moines de Clairvaux ne prétendaient pas à la magnificence; aussi notre cicerone remarque-t-il que dans l'église *les verrières sont de voir blanc seullement.*

Un luxe plus digne de l'austérité des religieux se montrait dans « la salle des abbez, belle, grande et haulte, lambrossée au dessus, en manière d'église, à l'entour de laquelle salle sont painctz les abbez qui parcy devant ont esté.

« Derrière le grand autel, » continue son récit, « y a trois beaulx et riches aultelz

Dans l'usage général, les portraits, bornés au cercle des ancêtres et de la famille [1], étaient de petite dimension [2], portatifs [3] comme tout l'avoir, entourés de riches bordures [4] et munis d'étuis pour être rapidement et plus facilement emballés. On les plaçait au chevet du lit, dans les oratoires et

---

d'albâtre dont celluy du millieu est l'autel monseigneur sainct Bernard, sur lequel est son ymaige, fait sur le vif incontinent après son trespas, et avoit le visaige, à veoir ladicte imaige, magre et contemplatif. »

1. Chaque grand personnage avait hérité des portraits de ses ancêtres et se croyait obligé d'en continuer la collection en faisant peindre les vivants; aussi voit-on dans les mémoires du temps citer le cabinet ou la chambre des portraits des hôtels et des châteaux. « Comme j'ay vu son pourtrait dans le cabinet de la Reyne de Navarre, » dit Brantôme en parlant de Louis XII. Or, ce portrait qui nous manque, avait été bien fréquemment reproduit. En voici une preuve entre mille; c'est un mémoire adressé au duc d'Aumale :

« A monseigneur le duc d'Aumale, de Genevois, et de Nemours, pair de France, Nicolas de Langres :

« Estant le mois d'octobre dernier aux champs en ma maison de Laval (il trouve une histoire de Louis XII et la lui envoie) parce que, » dit-il, « ce bon et vertueux prince estoit votre bisayeul maternel, duquel vous estes descendu en droicte ligne et que ceulx qui ont veu les portraictz de son jeune aage qui se trouvent en plusieurs cabinets des seigneurs de ce temps, disent que votre Excellence rapporte la vraye effigie et ressemblance de S. M. » (Port. font., vol. 152-153, Mss. de Béthune, n° 8461).

2. Ces articles des Comptes des menus plaisirs de François Ier se rapportent à ces besoins : « A Regnault Damet, marchant, demourant à Paris, pour une fermeture d'or qu'il a faicte, en ung rond d'or, servant à mectre une effigie, or et façon. — iiij liv.

« Pour ung petit tableau d'esbeyné servant à mectre l'effigie dudit S. » (le roi François Ier). — vij xx. v liv. xii s. Voyez pour d'autres détails de ce genre le chapitre des mélanges et les inventaires, dans le volume suivant. Les exceptions appartiennent au xvie siècle, et alors elles débordent sur la règle. En voici un exemple trouvé dans les comptes des archives de Dijon, par M. Gachard : « Pour la façon de la portraiture et figure au vif du feu roi Louis (XII) fait sur toile de la grandeur qu'il estoit en son vivant, — 28 liv. » (Compte de Jean de Ghim pour 1535.)

3. Je vois de ces portraits sur des miroirs. Brantôme, en parlant d'un grand Prince, peut-être le prince de Condé, raconte qu'il donna à sa maîtresse de riches présents, « dont entre autres il y avoit un fort beau et riche miroir où estoit sa peinture. » Tome III, p. 426. Je renvoie à ses Mémoires pour l'anecdote elle-même, n'ayant voulu qu'indiquer cette manière galante de se faire représenter.

4. Dans les comptes des bâtiments du roi pour l'année 1558, on lit : « A Francisque Seibecq, dit de Cargy, mennisier, pour deux bordures de tableaux, servans à la portraicture de deux dames, enrichies de taille vernies et doré. » (Voir ces comptes à la fin du volume.)

dans les cabinets, de telle sorte qu'on les considérait comme objet mobilier, faisant partie des hardes
et menues affaires [1]. On les portait en outre enchâssés dans de riches bracelets [2], ou bien serrés sur le
cœur [3]; c'étaient des gages mystérieux. On en porta
d'autres pendus au col comme un ordre de chevalerie; c'étaient alors des portraits d'affections légi-

---

1. « Ce jour (18 mars 1594) Des Portes Beuvilliers, muni d'un bon passeport du
roy, enleva tout ce que le duc de Maienne avoit à Paris, jusques aux petits tableaux et
menues hardes. » (P. de l'Estoile, *Mém.*, tom. I, p. 213.) C'est encore dans ce même
sens que Mazarin écrit à son intendant Colbert : « Je vous prie de prendre garde que
la folle (la reine Christine) n'entre pas dans mes cabinets, car on pourrait prendre de
mes petits tableaux. » (Palais Mazarin, pag. 47.)

2. Brantôme me fournit un exemple de ces portraits enchâssés dans un riche
bracelet : « Un grand seigneur estant devenu fort amoureux d'une tres belle et honneste
Dame. . . . . et luy ayant donné un tres beau et riche bracelet, où luy et elle
estoient tres bien portraits, elle fut si mal advisée de le porter ordinairement sur son
bras tout nud pardessus le coude. Son mari le découvrit et la tua. » La fin de l'anecdote m'importe peu, j'ai voulu citer un exemple pour constater l'usage. (Brantôme,
les Dames gal., disc. VII.) Il traine dans les biographies une anecdote sur les dernières heures de Marie de Médicis. Le nonce lui aurait conseillé d'envoyer à Richelieu son portrait contenu dans un bracelet qu'elle portait à son bras. La reine exilée,
humiliée, mourante, se retourna dans son lit de mort, et l'on entendit cette dernière
protestation : *Questo e pur troppo !* Je crois au refus, mais pourquoi porter son propre
portrait ! Je renvoie aux Inventaires et aux Mélanges, dans les volumes suivants.

3. « En tous ces beaux jeux, » dit l'Estoile dans son Journal, à la date de 1573,
« le prince de Condé (Henri de Bourbon) ne s'y voyoit point meslé, soit qu'il eust
trop mal à sa teste, de sa femme, de laquelle Monsieur, qu'on nomme aujourd'hui le
roy de Pologne, portoit le portraict pendu à son col. »
Brantôme raconte qu'un gentilhomme ayant eu à se plaindre de sa maîtresse, alla
montrer à son mari la peinture qu'elle lui avait donnée, et qu'il portait au col; il
parle ailleurs aussi « d'un grand seigneur qui, despité de quelque tour que luy avoit
fait sa maîtresse, alla jouer et perdre son portrait aux dez contre un de ses soldats,
car il avoit grande charge en l'infanterie. La reyne mère le sceut, qui lui en fit la
reprimande sur ce que le desdain en estoit par trop grand. Mais ce seigneur en
rabilla le fait, disant que de sa couche il avoit réservé le parchemin du dedans, et
n'avoit que couché la boete qui l'enserroit et estoit d'or, enrichie de pierreries. »
L'histoire anecdotique du portrait n'est pas encore faite, et ce n'est pas faute de ma-
tériaux. Celui qui l'écrira n'omettra pas cette réflexion de Voltaire. Il s'était empressé,
à la mort de madame Du Chastelet, de réclamer une bague que portait la marquise
et qui contenait le portrait de l'amoureux philosophe. On lui apporte la bague, et
Voltaire trouve sous le chaton le portrait de Saint-Lambert. « O ciel! » s'écrie-t-il,
« voilà bien les femmes. J'en avais ôté Richelieu ; Saint-Lambert m'en a chassé, cela
« est dans l'ordre; un clou chasse l'autre ; ainsi vont les choses de ce monde. »

times et hautement avouées ; ils remplacèrent les
sachets de reliques ou ces images pieuses d'un patron honoré[1]. En résumé, l'art du portrait, aussi
bien que le goût qui les mit à la mode, alla toujours
se perfectionnant et s'augmentant ; les sentiments
les plus respectables avaient été les premiers à les
solliciter ; les passions les moins recommandables
ne tardèrent pas à s'en emparer. Le plus futile motif
fut une occasion de portrait : une toilette[2] de bal,
une caricature[3], une satire politique ; et n'oublions

---

1. J'extrais des documents qui entreront dans le cinquième volume des Ducs de
Bourgogne : « A Jehan Sevineau, demourant à Tours, la somme de lx st, a lui
ordonnée par ledit seigneur, tant pour avoir habillé une petite chesne d'or que icelui
seigneur porte ordinairement en son coul, en laquelle pent ung petit saint Michiel,
que pour avoir fourny d'or pour habiller ladicte chesne. » (Compte de l'hostel de
Louis XI pour l'année 1470-71.)

« La Royne, » dit l'Estoile dans son Journal, le 7 octobre 1609, « a fait présent à
madame l'Ambassadeuse (d'Angleterre) d'une ovale enrichie de pierreries, en un coste
de laquelle estoit son pourtraict, et en l'autre la place vide, pour y en mettre un autre
tel qu'elle voudroit et estoit estimée ladite ovale à deux mille escus. » (Voir plus loin
dans l'inventaire de François II quelques détails.)

2. Marie Stuart ayant paru à la cour dans son costume national, *à la barbaresque
mode des sauvages de son pays*, dit Brantôme, *elle paroissoit une vraye deesse.* Il
prend à témoin « ceux qui l'ont veue ou pourront avoir veu son portrait estant ainsi
habillée. » (*Dames illust.*, disc. III, tome I, p. 127.)

La reine de Navarre, Marguerite de France, ne fut jamais plus belle, selon le même
auteur, que dans certain costume de velours incarnat d'Espagne qu'elle portait au fes-
tin donné aux Polonnais, par Catherine de Médicis, dans ses Tuileries. « Elle parut si
belle ainsi, comme luy fut dit aussi, que depuis elle le reporta souvent et s'y fist
peindre ; de sorte, qu'en toutes les diverses peintures, celle-là emporte sur toutes les
autres, ainsi que l'on en peut voir encore la peinture, car il s'en trouve assez de belles
et sur icelles en juger » (*Dames illust.*, disc. V.) Brantôme écrivait ses Mémoires
dans les premières années du XVIIᵉ siècle, on voit qu'alors le portrait de Janet avait
été souvent répété et copié.

3. L'Estoile écrit ce qui suit dans son Journal, le 9 mars 1610 : « Un mien ami,
homme d'honneur et veritable, m'a asseuré d'avoir veu en un certain lieu de ceste
ville, le jour de devant, un plaisant tableau d'Adam et d'Eve représentant au naturel
M. et madame de Sully. L'arbre de vie y estoit naïfvement peint, autour duquel on
voioit le serpent entortillé qui presentoit une bourse à madame de Sully et au dessus,
entre son mari et elle, paroissoit le president Duret qui alongeant son col et ses membres, baisoit ladite dame de Sully sur la bouche. »

pas la galanterie, car elle eut de bonne heure ses musées ; l'art l'aida dans ses indiscrétions.

Nous avions été chercher ce goût en Italie où d'illustres précédents servaient d'excuse à un dévergondage blâmable [1]. On sait comment Charles VIII et sa noblesse firent cette promenade d'Italie qu'on appelle leur conquête. André de la Vigne peint bien l'enthousiasme italien qui, comme une traînée de poudre, s'enflamme sous les pas de nos soldats, depuis les Alpes jusqu'à Naples. Les femmes ne résistèrent pas à cet entraînement électrique :

> « Et leur sembloit estre à ung paradis
> De veoir Françoys en leurs terres marcher
> Car bien sçavent que pour enharnacher
> La nef de Venus d'amoureux advirons, »

ils n'ont pas de rivaux. Lorsque les femmes italiennes [2] sont aussi prévenantes, des Français,

---

1. Je n'ignore pas qu'on lit ce passage dans l'*Histoire des Ducs de Bourgogne*, de M. de Barante : « On disait que le duc d'Orléans, toujours indiscret dans ses galanteries, s'était vanté un jour à table d'avoir un cabinet orné du portrait de toutes les dames qui lui avaient accordé leurs faveurs, et que le duc de Bourgogne, entrant dans ce cabinet, y avait vu le portrait de sa femme. » On ne disait rien de semblable à Paris, le 24 novembre 1407, lorsqu'on apprit le meurtre lamentable du duc d'Orléans, et l'illustre académicien aurait dû savoir que les arts n'en étaient pas encore arrivés parmi nous à ce dévergondage, de même qu'il aurait dû dire en note dans quelle chronique contemporaine il avait arraché ce lambeau de son intéressant récit. Pour moi, je ne sais que Brantôme qui rapporte ce trait, et en l'inventant il avait au moins pour excuse de le puiser dans le laisser-aller des mœurs de son propre temps : « Ce prince, s'estant une fois vanté, tout haut, en un banquet, où estoit le duc Jean de Bourgogne, son cousin, qu'il avoit en son cabinet le pourtrait des plus belles dames, dont il avoit joui. Par cas fortuit un jour le duc Jean entrant dans ce cabinet, la première dame qu'il vit pourtraite, ce fut sa noble dame et espouse. » (*Les Dames gal.*, disc. vii.)

2. Voici un passage du Vergier d'Honneur qui vient après la description des spectacles et mystères représentés lors de notre entrée à Quiers :

> « Tous ses seigneurs en de bonnes maisons

même au XVe siècle, sont très-entreprenants et un
peu indiscrets ; or, les annalistes italiens prétendent
qu'à la bataille de Fornoue, ce brillant dénouement
d'une entreprise aventureuse, nous perdîmes un
recueil de portraits, un livre à la Don Juan, destiné
à montrer à la France le tableau de certaines con-
quêtes amoureuses qu'il n'est pas convenable de
mentionner dans l'histoire de la conquête militaire.

Furent logez, et des dames chériz.
Là où plusieurs amoureux oraisons
Pour parvenir à fin de leurs raisons
On mist avant, voire absens les mariz,
Ils s'en alloient tappiz comme souriz,
Pour rencontrer quelque beste à recoy.
Se lon y fist plusieurs charivariz
Il y avoit, Dieu mercy, bien de quoy.
Chière joyeuse, passetemps curieux,
Esbatemens de harpes et tabour,
Pour resjouyr les cueurs des amoureux
Tant qu'on y fut ne vindrent à rebours
Parmy la ville et du long des faulx bours
Chascun vouloit trencher du liperquam,
Mais on n'y fut seullement que trois jours
Qui ne vint pas bien secundum Lucam. »

A Florence, nos jeunes seigneurs font assaut de luxe et d'élégance : « Pour estre
mieulx des dames honnouré » ils défilèrent dans les rues

« Où fut rué maintes doulces œillades
Qui peult estre prouffitèrent après. »

Ce n'était pas seulement soldatesque brutale, c'étaient les cent gentilshommes, les
pensionnaires, et pour la galanterie, cette armée dans l'armée :

« Mignons du Roy ainsi que Bourdillon,
Balzac, Lachaulx, Galliot, Chastillon,
George, Edoville et aultres familiers
Comme Paris, Gabriel et di Jon
Pour assaillir ung feminin donion,
Trop plus propres que dix aultres milliers. »

Dans une ville du Milanais, Charles VIII passe sous un arc de triomphe :

Là où estoit ung très beau jeune enfant,
Qui en latin portoit tel escripteau :
Veni, vidi, vincit Cesar alter.
Puis en françois disoit d'entente juste

Écoutons Corio. « Vi fu trovato un libro, nel quale, sotto diversi habiti ed eta al naturale, erano depinte molte femine per loro violate in molte città, e seco il portavano per memoria [1]. »

Laissons maintenant parler Benedetti : « Vidi io un libro, nel quale erano dipinte varie imagini di meretrici, sotto diverso habito ed età, ritratte al naturale; secondo che la lascivia e l'amore l'aveva tratto in ciascuna città : queste portava egli (le roi) seco dipinte per ricordarsene poi. »

Ce renseignement venant d'André de la Vigne [2], je le tiendrais pour suspect ; mais je ne vois pas de raison de douter en ceci de la véracité des Italiens. Plusieurs faits analogues, relatés dans nos mémoires

---

> Vive, vive le roy Françoys auguste
> Qui est venu pour noz ennemys dompter....
> Tant estoient-ilz d'avoir le roy ioyeulx. »

Et à Naples les plus grandes dames présentent leurs fils au roi de France pour qu'il les arme chevaliers, tandis que le peuple vient le supplier de toucher les écrouelles. On sait que Charles VIII quitta Naples, avec une partie de son monde, le 20 mai 1495, pour rentrer en France. Son retour ne fut pas moins fêté que sa première venue. Le banquet de Sienne, où l'on criait : *Vive France par terre et par mer*, mérite d'être cité. « Les dames de la ville se trouvèrent triumphalement et singulièrement acoustrées, belles par excellence et festièrent le Roy magnifiquement, ce que jamais ne firent à Prince, ni à Roy qui là arrivast et tout par honneur. » A Pise, la galanterie féminine prenait une allure dramatique, mais le diable, ou l'amour, n'y perdirent rien. « Le lundy (22 juin) au matin, à son lever, la plus part des dames et bourgeoises de ladite ville de Pise, mesmement les principalles et especialles dudit lieu vindrent devers le roy. Et pour avoir plus grant révérence et honneur envers luy, aussi pour plus facilement le mouvoir à pitié et compassion, la plupart d'icelles dames estoyent nudz pieds et en deuil et se mirent à genoulx, mains joinctes, en luy priant et suppliant très humblement que son bon plaisir fust de prendre ladicte ville de Pise en sa main, protection, et saulvegarde. »

1. Corio : *Storia di Milano*, 949.

2. André de La Vigne ne parle pas de cet album indiscret, mais il semble croire que les vrais pillards n'étaient pas dans l'armée ennemie : « Soubz umbre d'eulx (les ennemis) plusieurs paillars et meschans gens qui conduysoient et menoient lesdictz bagaiges firent la plus grant partie dudit pillaige et rompoient des coffres et bahuz de leurs dits maistres pour prendre ce qui estoit dedans. »

du xvi⁰ siècle [1], autorisent à croire que dès lors le
portrait avait reçu parmi nous cette destination
galante, et nous regrettons sincèrement le recueil
des portraits de ces belles italiennes qui venaient
fêter la venue de Charles VIII, et dont le roi, par
reconnaissance, voulait transmettre à la France le
nom et la beauté. Ces portraits, exécutés par le
peintre de la cour, valet de chambre de la personne
royale, et dans cette occasion son confident, ou par
les meilleurs peintres de cette Italie, si riche déjà en
grands artistes, devaient former une séduisante
collection.

Je disais, avant d'être entraîné dans ce détour
outre monts, qu'on voyait la série des rois peints
dans nos palais, et qu'on trouvait aussi dans la disposition des appartements de nos seigneurs une
chambre de portraits; j'aurais dû ajouter qu'il faut
descendre jusqu'à la fin du xvi⁰ siècle pour trouver
une véritable galerie de portraits dans le palais du

---

1. « De ce temps du Roy Henry III fut bien pis fait, car un gentilhomme que j'ay
ouy nommer et connu, fit un jour présent à sa maîtresse d'un livre de peintures où il
y avait trente-deux dames, grandes et moyennes de la cour, peintes au naturel, cou-
chées et se jouans avec leurs serviteurs peints de même et au naïf. Telle y avoit il
qui avoit deux ou trois serviteurs, telle plus, telle moins. Les personnages estoient si
bien représentez et au naturel, qu'il sembloit qu'ils parlassent, les unes déshabillées
et nues, les autres vestues, avec mêmes robes, coeffures, paremens et habillemens
qu'elles portoient et qu'on les voyoit quelque fois. Les hommes tout de même. Bref
ce livre fut si curieusement peint et fait qu'il n'y avoit rien que dire, aussi avoit il
cousté huit à neuf cens escus et estoit tout enluminé. » (Brantôme, tome III, p. 435.)
Voir aussi la Légende du cardinal de Lorraine, fol. 24, et le Réveille-matin des
Français, p. 11 et 123. Je n'aime pas à m'appesantir sur ce sujet, il m'importait
seulement de bien établir l'habileté de nos peintres et l'extension du portrait jusqu'à
l'excès et jusqu'au dévergondage. Les Italiens nous avaient précédés dans cette voie.
Jules Romain fournit à l'Arétin l'occasion d'ajouter de nouveaux fleurons à sa sale
couronne.

Louvre. Sauval nous a donné la description de la petite galerie, la galerie d'Apollon, telle que l'avait disposée Henri IV [1], telle que l'avaient ornée Porbus, Bunel et sa femme. On sait que cette galerie, détruite par un incendie en 1660, fut reconstruite par Louis XIV, et que M. Duban, l'habile architecte, la restaure aujourd'hui.

« Les portraits des rois et des reines [2] qui occupent les intervalles d'une croisée à l'autre, sont grands comme nature et représentés avec des habits et des gestes proportionnés à leur génie; les rois sont placés à main droite, et vis-à-vis, de l'autre côté, les reines qu'ils ont eu par compagnes. Et tous ces portraits, tant des uns que des autres, sont entourés de têtes; mais des seigneurs seulement ou des dames les plus considérables de leur cour, soit par leur naissance ou par leur beauté, soit par leur esprit ou leur humeur complaisante. Comme tous ces portraits sont vrais, il n'y a que la plupart des rois et des reines qui ont régné en France depuis saint Louis jusqu'à Henri IV.

« Ces portraits sont partis de la main de trois personnes. Porbus a fait celui de Marie de Médicis, qui passe pour un des plus achevés que nous ayons de

---

1. Brantôme écrivait ses souvenirs en 1610-14; il avait vu cette collection, il en parle en plusieurs endroits de ses curieux Mémoires : « Son portrait (Jeanne Ire, reine de Naples) que l'on voit encore, fait témoigner à tout le monde, qu'elle estoit plus angélique qu'humaine. Je l'ay veu à Naples en force endroit qui se montre et se garde par spécialité grande. Je l'ay veu en France au cabinet de nos roys, de nos reynes, et de plusieurs dames. » (*Dames illust.*, disc. vii.)

2. *Histoire de Paris*, tome II, p. 37.

lui et même le meilleur de cette galerie. Tous les autres portraits sont de la main et du dessein de Bunel. Il peignit d'après le naturel ceux des personnes qui vivoient de son temps. Pour déterrer les autres, il voyagea par tout le royaume et prit les (copies des) stucs des cabinets, des vitres, des chapelles et des églises où ils avoient été peints de leur vivant. Il fut si heureux dans sa recherche, que dans cette galerie il n'y a pas un seul portrait de son invention, et par le visage et l'attitude, tant des hommes que des femmes qu'il y a représentés, on juge aisément de leur génie et de leur caractère. Sa femme le seconda bien dans son entreprise. Comme elle excelloit à faire les portraits des personnes de son sexe, ceux des reines et des autres dames, pour la pluspart, sont de sa main et du dessein de son mari.

« Les rois sont vêtus assez simplement, et le tout à la mode de leur temps et conformément à leur âge. Les reines ont leurs habits de pompe et de parade, si bien qu'avec ces vêtemens différens et bizarres qui faisoient sans doute la principale partie de la galanterie et de la propreté de leur cour, ils nous paroissent si ridicules, qu'on ne peut s'empêcher de rire. »

Je ne sais si j'ai besoin de faire remarquer ces voyages à la recherche des portraits authentiques peints dans les églises, sur les vitres, dans les cabinets; ce scrupule dans la copie, cette imitation consciencieuse jusque dans les détails du costume, et

surtout cette critique de l'époque où les portraits
anciens ont été peints d'après nature, époque assez
judicieusement fixée au règne de saint Louis. Toutes
les conditions d'exactitude, telles que nous croyons
les avoir fixées, avaient été trouvées et observées il
y a près de trois siècles.

A la même époque, les peintres eux-mêmes faisaient collection de leurs portraits, soit en gardant
les originaux, soit en les répétant avant de les livrer, soit enfin en copiant les bons portraits peints
par leurs confrères. On lit dans Brantôme : « La
reyne mère (Catherine de Médicis) s'habilloit toujours fort bien et superbement, et avoit tousjours
quelque gentille et nouvelle invention. Bref, elle
avoit beaucoup de beautez en soi pour se faire aimer,
sur quoy estant allée un jour voir à Lyon un peintre
qui s'appelloit Corneille, qui avoit peint, en une
grande chambre, tous les grands seigneurs, princes,
cavaliers et grandes reynes, princesses, dames et filles
de la court de France : estant donc en ladite chambre
de ses peintures, nous y vismes cette reyne pa-
roistre peinte très bien en sa beauté et en sa perfection, habillée à la françoise d'un chaperon avec
ses grosses perles et une robe à grandes manches
de toile d'argent fourrées de loup cervier, le tout
si bien représenté au vif avec son beau visage, qu'il
n'y falloit rien plus que la parole, ayant ses trois
belles filles auprès d'elle; à quoi elle prit fort grand
plaisir à cette veue et toute la compagnie qui y estoit

s'amusant fort à la contempler, admirer et louer sa
beauté par dessus toutes : elle mesme s'y ravit en
la contemplation, si bien qu'elle ne put en retirer
ses yeux de dessus, jusques à ce que M. de Nemours lui vint dire : « Madame, je vous trouve là
fort bien pourtraite, et n'y a rien à dire. Il me
semble que vos filles vous portent grand honneur,
car elles ne vont devant vous et ne vous surpassent
point. » Elle luy respondit : « Mon cousin, je crois
qu'il vous ressouvient bien du temps, de l'âge et de
l'habillement de cette peinture : vous en pouvez bien
juger mieux que pas un de la compagnie, vous qui
m'avez veue ainsi, si j'estois estimée telle comme
vous dites et si j'ay esté telle comme me voila [1]. »

L'étonnement de la reine prouve assez qu'elle
n'avait pas posé pour ce portrait, copié d'après
quelque original, peint vers 1550, à l'époque de sa
grande beauté. Ses filles non plus n'avaient pas
servi de modèles à Corneille : il avait successivement
reproduit les portraits originaux à mesure qu'il se
les était procurés [2] ; seulement une certaine habileté
d'exécution et un grand ensemble faisaient valoir

1. Brantôme, *Dames illustres*, disc. II, p. 49, tome 1, édition de La Haye, 1740, in-12.
2. On verra plus loin que je suis disposé à donner à Corneille de Lyon une nombreuse série de portraits presque tous de même dimension, et qui se distinguent par
un certain talent d'exécution et beaucoup de charme. Le petit portrait de *François I*[er],
roy de France, nº 25 du Musée du Louvre, représente ce prince à vingt ans, c'est-à-
dire en 1514; à cette époque, Corneille de Lyon, bien probablement, ne peignait pas
encore. Il se sera servi plus tard de quelque portrait dont la ressemblance n'était pas
le mérite, et sa copie s'en est ressentie, car excepté l'inscription, rien dans ce portrait ne rappelle la figure bien connue de François Ier. Il avait une lacune à remplir
dans sa série d'héritiers de la couronne ou de ducs d'Angoulême, et il l'aura comblée
vaille que vaille.

cette galerie dont le charme principal, aux yeux de
Catherine et de ses courtisans, devait être, vers 1570,
une réunion de portraits de la reine et de ses filles,
à peu près au même âge, prêtant à une comparaison qui n'était défavorable à aucune d'elles. On a
eu tort de chercher dans cette anecdote un titre de
peintre de premier ordre pour Claude Corneille [1] ;
l'intention de Brantôme n'était nullement de l'élever à un si haut rang, et l'absence de toute autre
mention dans les comptes royaux, ainsi que son
éloignement de la cour, ne semblent pas le placer
au-dessus de plusieurs peintres provinciaux ses contemporains.

Daniel Dumoustier eut plus tard ce même goût,
et nous pourrons bientôt reconstituer son cabinet
avec les crayons qu'il a signés : *Fait par et pour
Daniel Dumoustier,* signature presque toujours ac-
compagnée d'une date précise et quelquefois d'observations dans un goût équivoque [2]. Mais nous
entrons avec lui dans une époque où les galeries de
portraits, à l'imitation de celle du Louvre, furent
de mode et presque générales [3] ; nous n'avons plus
à nous en occuper.

---

1. Voir ce nom au chapitre des Peintres employés accidentellement.
2. Voir les Dumoustier au chapitre des Peintres en titre d'office.
3. Il semblerait, cependant, à entendre l'Estoile, que la vogue des portraits peints
à l'huile et des crayons sur papier, commençait à se perdre dès le commencement du
xviie siècle; il écrit dans ce Journal où tant de choses entraient : « Le lundi (6 juillet 1609) j'ai vendu à un peintre italien, nommé Gabriel de Serniole, pour quarante
francs de vieilles pourtraictures; lesquelles, encores que je sache m'en avoir cousté
bien d'avantage, si voudrois-je m'estre défait de tout le reste que j'en ay à pareil pris,
tant pour l'affaire que j'ay d'argent, que pour l'inutilité de telle marchandise, qui va
tous les jours au rabais. »

FRANÇOIS CLOUET.

1510 — 1580.

Lorsque vinrent en France les maîtres célèbres auxquels l'Italie permettait de passer les monts, on leur demanda des portraits, et ils s'acquittèrent de cette tâche avec toute la fougue de leur talent. Lorsque le Titien eut dans les mains une copie faite au crayon[1] du portrait de François Ier, d'après quelque peintre français qui avait pris le roi de profil pour donner un type aux graveurs de médailles[1], il la reproduisit en l'animant de son âme, en la grandissant de toute la majesté de son pinceau; mais cette vie si pleine, cette majesté si imposante, comparée au modèle par des yeux habitués à la réalité, sembla factice, apprêtée, de convention, et ces étrangetés choquèrent davantage, lorsque des mains moins habiles suivirent le même système. Cependant on admira toujours, parce qu'il était de bon ton d'admirer toute production italienne, mais on revint à nos peintres de portraits chaque fois qu'il s'agit de conserver la ressemblance d'un être chéri; seulement, pour se faire pardonner cette prédilec-

---

[1] Une de ces copies se retrouve dans la collection de crayons de la bibliothèque du Conservatoire des Arts et Métiers; elle est mal exécutée, mais on comprend qu'une reproduction meilleure de l'original ait pu servir de base au portrait du Titien.

tion gothique, on cessa de prendre ces artistes au
sérieux. L'art du portrait, tel qu'ils le traitaient, fut
considéré comme quelque chose d'inférieur et d'à
part. Il se fit dès lors un classement particulier parmi
nos artistes; les uns, les plus glorieux, passèrent à
Fontainebleau dans la phalange italienne; les autres,
les plus modestes, restèrent à Paris et en province;
un abîme était entre les deux camps. D'un côté, le
grandiose et la fougue du génie, ayant pour récom-
pense des applaudissements d'autant plus bruyants
qu'ils étaient moins sincères; de l'autre, une patiente naïveté rencontrant une prédilection nationale et une sympathie de cœur autant que de goût,
qui nous portait involontairement vers nos peintres
français.

Dans ce camp se trouvait le troisième des Clouet,
François, qui hérita, avec le talent de son père et
ses fonctions à la cour, du surnom de Janet, dont
la renommée lui avait fait un nom de famille. Le
succès, on le sait, est une affaire d'à-propos. Pour
réussir, il faut à celui-ci soulever des montagnes,
qui n'aurait besoin comme celui-là que d'un faible
effort, s'il fût venu ici plus tôt, là plus tard. C'est
l'histoire des Janet. Avec une supériorité incontestable, Jean Clouet, le second des Janet, eut moins
de succès que son fils. Son mérite, sa gloire, est
d'avoir pu lutter contre ces colosses venus d'Italie,
d'avoir su conserver à ses portraits et à ses tableaux
la place qui leur revenait au milieu des grandes

productions des maîtres italiens et de leurs imitateurs français. Cette place était modeste. J'ai lu avec
attention la plupart des poëtes du temps; j'ai relu
tout Marot [1], et je n'ai pas vu que le nom de Jean
Clouet fût une seule fois cité dans leurs vers. Mais
quand il quitta l'arène du combat, la lutte était ter-
minée, la victoire était acquise; son fils en recueil-
lit les couronnes, car il déploya son talent à cette
heure de la critique qui sonne quand l'engouement
se retire; à cette échéance fatale où tout grand succès s'escompte; à ce moment où, après avoir été
ébloui, on commence à se servir de ses yeux pour
voir, et de ses propres instincts pour sentir, jouir et
juger. Vers 1545, les séductions de la grande peinture de théâtre et de convention commençaient à
perdre de leur empire; le charme faisait douce-
ment place à de la lassitude; on regardait autour
de soi et on s'étonnait de ne pas trouver un modèle
vrai, un modèle possible à ces figures étirées, con-
tournées, aux pieds effilés, aux doigs en tire-bou-
chon; on se préparait à réagir dans le sens de

---

1. Clément Marot quitta la France en 1544 et mourut dans l'exil l'année suivante;
il était entré en 1513 au service de Marguerite de Valois, sœur de François Ier,
c'est-à-dire qu'il était à la cour le collègue de Jean Clouet, dès 1523. Rien n'était
donc plus naturel que de citer les productions du peintre de la cour, et cependant je
n'ai pas trouvé dans ses poésies un seul nom de peintre. L'épigramme 199, elle-même,
semble éviter de citer un nom :

« Tu m'as donné au vif ta face paincte,
Paincte pour vray de main d'excellent homme
Si l'ay je mieux dedans mon cœur empraincte. »

Dans un rondeau (LXII) *à la fille d'un painctre d'Orléans*, il ne nomme pas ce
peintre.

1. 6

l'imitation minutieuse et de l'exécution patiente; on se retournait naturellement vers François Clouet.

Il avait succédé à son père, vers 1545, dans sa charge et dans ses fonctions, et il donna des preuves de son talent dans les dernières années de ce grand règne. Je n'ai pas encore découvert de document qui rende authentique cette conjecture, elle n'est que probable. Il faut arriver à la mort de François Ier pour trouver un renseignement précis sur les travaux de François Clouet; nous le voyons alors occupé à mouler le visage de son protecteur et de son maître, s'efforçant devant le cadavre, avec toutes les ressources de l'art, de faire renaître cette face abandonnée par la vie. Laissons parler le comptable :

Pour l'effigie dudict feu roy.

« A François Clouet, peintre ordinaire du roy,
« la somme de huict vingt seize livres, dix huict
« solz tournois, a luy ordonnée, pour son paiement
« de plusieurs parties de son mestier et autres frais
« et despenses par lui faictes pour les causes, selon
« et ainsy qu'il s'ensuit. Assavoir :
« Pour le voiaige dudict Clouet par luy faict en
« dilligence sur chevaulx de poste depuis la ville
« de Paris jusques au lieu de Rambouillet où ledict
« feu roy alla de vie à trespas pour faire ce qui lui
« seroit commandé pour le faict desdicts obsèques
« et funérailles. . . . . x livres.

« Ledict Clouet arrivé audict lieu aurait esté com-
« mandé de moller et prendre le traict du visaige
« affin de faire l'effigye dudict feu seigneur et pour
« ce qu'il luy avoit convenu achatter huict livres
« de cyre jaulne, huille d'olive, et cocton pour les-
« dits molles et faire le creux dudict visaige, pour
« ce. . . . . C s.

« Pour la despense de bouche dudict Clouet et
« d'un sien serviteur durant ung jour entier qu'ilz
« vacquerent audit Rambouillet pour faire ce que
« dessus. . . . . xx s.

« Pour quatre postes, par ledit Clouet courues, de-
« puys ledit Rambouillet jusques audict Paris où il fut
« commandé retourner en dilligence pour beson-
« gner à ladicte effigie et aux armoiries dudict feu
« seigneur. . . . . . ' . . . . . x livres.

« Pour le sallaire de trois hommes qui ont be-
« songné par l'espace de huict jours entiers avec
« ledict Clouet pour luy ayder à faire le modelle
« d'icelle effigye et de deux paires de mains les
« unes clozes et les autres joinctes et pour chacune
« journée desdicts hommes. xxx s. cy—xxxvi liv.

« Pour la despense de bouche dudict Clouet et
« desdicts troys hommes durant lesdicts huict jours
« qu'ils ont vacqué à faire ladicte effigye à raison de
« xxx sols, cy par jour, pour ce. . xiiii livres.

« En terre à potier pour faire ledict mo-
« delle. . . . . vi sols.

« Pour ung sac de plastre pour faire le creux du-

« dict modelle. . . . . ii s.

« Pour quinze livres de cyre pour mouller ladicte
« effigye, cy. . . . . iiii liv. x s.

« Pour deux journées de deux hommes qui ont
« aydé audict Clouet a moller ladicte effigye a rai-
« son de xxx solz pour chacune journée desdits
« hommes, pour ce. . . . . vi livres.

« Pour la despense de bouche desdicts deux
« hommes et dudict Clouet durant lesdits deux
« jours. . . . . xlviij s.

« Pour le poil dont a esté faict la barbe et les
« cheveulx de ladicte effigye. . . . . . ix liv.

« Pour le masticq dont a esté attachée ladicte
« barbe et les cheveulx. . . . . x s.

« Pour les coulleurs, pinseaulx et huille de pe-
« trolle qui a servy à estoffer et donner couleur a
« ladicte effigye et ausdictes deux paires de mains
« cy devant déclarées. . . . . l s.

« Pour le sallaire de deux hommes qui ont vac-
« qué et servy audict Clouet, durant deux journées,
« l'un pour lui ayder et l'autre pour broyer les
« painctures ausquels fut payé comptant assavoir,
« audict broyeur quinze solz et à celuy qui luy ayde
« xxx s. . . . . iiij liv. x s.

« Pour la despense de bouche desdicts deux
« hommes et dudict Clouet durant lesdictes deux
« journées, à raison de xxxiiij sols par jour, pour
« ce. . . . . xlviii s.

« Pour l'achapt et payement d'une casse de boys

« qui servit à enfermer ladicte effigye, ensemble
« pour la noircireure d'icelle. . . xxij s. vi d

« Pour le payement d'un homme qui a taillé le
« septre royal et la main de justice qui ont depuis
« servi à ladicte effigye. . . . . . . v s.

« Pour avoir doré, d'or fin, ledict septre royal et
« la main de justice et les avoir semé de fleurs de
« lys taillées et icelles mises et applicquées sur les-
« dicts septre et main de justice. . vi liv. xv s.

« Pour le sallaire et despense de ung homme qui
« a vacqué, par l'espace de troys journées et demye,
« à faire le corps d'éclisse pour servir à mettre la-
« dicte effigie, assavoir : pour son sallaire onze sols
« tournoys, pour sa despense de bouche huict solz
« tournoys par jour et dix solz tournoys pour l'a-
« chapt et paiement de l'ozier qui convenoit avoir
« pour faire ledit corps d'éclisse, pour ce. lxxvis.vid.

« Pour le sallaire d'un bastellier qui amène par
« eaue ladicte effigie et corps d'éclisse depuis Paris
« jusques à sainct Cloud. . . . . . xv s.

« Pour les peines, sallaires et vaccations dudict
« Clouet durant quinze jours entiers qu'il a vacqué
« à faire et moller icelle effigye. . lvi s. vi d.

Payement de painctres.

« A Francois Clouet, painctre dudict feu seigneur,
« la somme de trois cens quatre vingt quatre livres,
« cinq solz tornoys, à luy ordonnée pour son paye-

« ment de plusieurs parties de sondict mestier, se-
« lon et ainsi qu'il s'ensuit. Assavoir :

« Pour soixante douze fleurs de lix dorées, qui
« furent mises aux douze banières de l'hostel dudict
« feu seigneur, à chacune desquelles y a six fleurs
« de lix d'une part et d'autre, contenant environ ung
« pied chacune d'icelle, à raison de xv solz piè-
« ce. . . . . lIIIj livres.

« Pour six vingt douze fleurs de lix qu'il a faictes
« sur les cottes d'armes des heraulx d'armes dudict
« feu seigneur, sur chacune desquelles y a douze
« desdictes fleurs de lix assavoir trois devant au-
« tant sur le derrière et autant sur chacune manche,
« à raison de v sols pour chacune. . xxxIIj liv.

« Pour la paincture qu'il a faite pour six ensei-
« gnes, assavoir deux pour les cens gentilzhommes
« de l'hostel et quatre pour les quatre cens archers
« des gardes, à raison de xlv livres pour chacune
« desdictes enseignes d'iceulx gentilshommes et
« xxx livres pour chacune des autres. IIj°x livres.

« Pour la paincture qu'il a aussi faicte sur l'en-
« seigne des suisses de ladicte garde. xxxv livres.

« Pour la paincture qu'il a pareillement faicte sur
« cinq sacquebuttes dudict feu seigneur. xxIIj liv. x s.

« Pour avoir doré de fin or et estoffé des deux
« costés l'escu aux armoiries de France qui fut
« porté le jour desdicts obsèques devant le corps
« d'icellui feu roy. . . . . xIj liv.

« Pour son remboursement de pareille somme

« qu'il a payée à ung tailleur en boys qui a faict et
« taillé ledict escu. . . . . . . VI liv. VX s.

« Pour la ferrurre dudict escu. . . . . 1 s.

« Pour avoir noircy et verny les six lances qui
« servirent aux six enseignes qui estoient portées
« devant ledict corps. . . . . lx s.

« Pour avoir noircy le coffre ouquel estoit le
« corps dudict feu roy. . . . . 1 s.

« Et pour avoir aussi noircy par ledit François
« Clouet le chariot d'armes dedans lequel estoit
« porté le corps dudict feu roy ensemble les quatre
« roues et cordaiges d'icelluy. . . . . lx liv.

« Audict François Clouet, painctre cy devant
« nommé, la somme de deux cens quatre vingt
« douze livres dix solz tournoys, aussy à luy ordon-
« née pour son paiement des autres parties cy après
« déclarées, qui ont esté moderées et arrestées à
« icelle et montans ensemble trois cens trois livres,
« onze solz tournois. Assavoir :

« Pour la terre à poictiers qu'il a convenu avoir
« pour faire les trois effigyes des feu roy et de mes-
« seigneurs les dauphin et duc d'Orléans. . xx s.

« Pour le sallaire de dix huict hommes qui ont
« besongné durant trois jours et trois nuicts aus-
« dictes effigyes, à raison de xlv sols par jour et
« autant pour chacune nuict. . . iiijᵐ ix livres.

« Pour la despense desdicts ouvriers durant les-
« dicts trois jours et trois nuicts. . . xij liv.

« Pour six sacs de plastre qu'il a convenu avoir

« pour faire les creux tant desdictes effigies que
« des mains. . . . . xij s.

« Pour le sallaire de trois hommes qui ont aussi
« besongné durant deux jours à faire les creux,
« tant des mains que des effigyes, à raison de xxx
« sols à chacun par jour. . . . . . ix livres.

« Pour le sallaire de trois autres hommes qui ont
« broyé le papier pour mouller lesdictes effigyes
« et mains par l'espace de deux journées à raison
« de xv s. pour chacun par jour. . iiij liv. x s.

« Pour le sallaire de six hommes qui ont aussi
« besongné, par l'espace de trois jours, à mouller
« lesdictes effigies et mains, à raison de xxx s. à
« chacun par jour. . . . . . . xxvij liv.

« Pour quatre livres rongneures de pappier pour
« mouller lesdictes effigyes. . . . . . xx s.

« Pour du sain doulx à gresser les moulles. x s.

« Pour une esponge pour mouller lesdictes effi-
« gyes. . . . . v s.

« Pour le boys et charbon qu'il a convenu avoir
« pour sécher lesdictes effigies et mains. iiij liv.

« Pour le poil qu'il a convenu avoir pour faire
« les barbes et cheveulx desdictes effigies. xiij liv. x s.

« Pour les painctures et colles, pinceaulx, huille
« de petrolle et autres estoffes qu'il a convenu
« avoir pour lesdictes effigyes et mains. x livres.

« Pour le sallaire de quatre hommes qui ont
« aydé durant trois jours à estoffer lesdictes effi-
« gyes et mains, à raison de xxx s. a chacun par

« jour. . . . . xvɪɪj liv.

« Pour quatre casses de boys pour mettre les
« quatre effigyes à raison de xx s. pièce. ɪɪɪj liv.

« Pour la noircisseure desdits casses. . xx s.

« Pour avoir fait porter lesdictes casses et effi-
« gyes jusques à Nostre Dame des champs. vɪɪj s.

« Pour le sallaire d'un homme qui a aydé audict
« Clouet, durant deux jours, à acoustrer lesdictes
« effigyes, à raison de xx s. par jour. . . xl s.

« Et pour les peines, sallaires, journées et vaca-
« cions dudict Clouet, tant d'avoir besongné jour et
« nuict auxdictes effigyes, que à la sollicitation des
« autres ouvriers. . . . . . ɪɪɪjˣˣx livres. »

Il y aurait lieu de faire ici un long commentaire
sur ce passage des comptes royaux ; mais on le
trouvera, quant à la cérémonie elle-même, au chapitre des Obsèques et Funérailles, et quant à la part
qu'y prit François Clouet, il suffit d'appuyer sur un
ou deux points. Ainsi notre peintre prend l'*empreinte* de la figure de François Ier; il en fait aussi
le *trait*, c'est-à-dire un estampage en cire et un
dessin. Cela terminé à Rambouillet, il revient à
Paris en toute hâte pour travailler nuit et jour
au moulage, et, pour cela, il fait un bon creux
en plâtre et en terre à potier et une épreuve en papier mâché ; il colorie cette effigie à l'huile, d'après
son dessin, assisté de ses souvenirs, et il la complète
avec une barbe et des cheveux postiches. Il exécute
en outre *deux paires de mains*, moulées sur nature,

dans deux mouvements différents, nécessaires pour
les diverses cérémonies, puis enfin il dirige l'ouvrier qui fait le mannequin en osier destiné à sup-
porter le costume et à conserver à l'effigie la stature naturelle du feu roy. Il fut chargé, en outre,
de toute la peinture de l'église, des fleurs de lis
sur les bannières, des enseignes destinées aux gentilshommes, aux archers de la garde et aux suisses.
Ajoutons qu'il exécuta aussi les effigies de messei-
gneurs le dauphin et le duc d'Orléans, les deux
enfants de François Ier, descendus dans la tombe
avant lui, effigies faites d'après quelque portrait
original de Jean Clouet pour le dauphin, mort en
1536 et d'après ses propres dessins pour le duc
d'Orléans qui avait cessé de vivre en 1545.

Cette triste tâche accomplie, François Clouet s'ap-
pliqua à reproduire fidèlement les traits de François II, désormais dauphin de France. Il mit dans
cette étude toute la naïveté première et la fleur de
son talent. On sait qu'après dix années de stérile
mariage, Catherine de Médicis accoucha d'un gar-
çon le 19 janvier 1543. Ce prince fut le roi François II et l'époux de Marie Stuart. En 1547, c'était
un enfant charmant dont la nature distinguée tra-
hissait l'origine. Son portrait [1] est pris de trois
quarts, regardant à la droite du spectateur, les
mains appuyées l'une sur l'autre. La tête de ce

1. Musée d'Anvers, n° 66. Hauteur 16, largeur 13.

jeune enfant est enveloppée dans un serre-tête blanc, recouvert par une toque noire bordée de plumes de cygne, et ornée sur son large bord de dix ai- guillettes d'argent et d'une *enseigne* d'émail, repré- sentant saint François à genoux, dans son costume gris, devant le Christ peint en rouge. Quelques mèches de cheveux blonds s'échappent du serre- tête et sortent sous la toque. Le jeune prince est vêtu d'un juste-au-corps jaune à crevés blancs que recouvre un surtout dont on voit les manches de velours rouge. Une chemisette et des manches de mousseline blanche brodées et bordées de noir, complètent ce qu'on voit du costume. Un petit mé- daillon sur lequel est tracée la lettre M pend à son col par un mince petit filet de soie. Toute la figure se détache sur fond verdâtre.

Ce portrait délicieux réunit déjà toutes les qualités de François Clouet, les qualités à la fois sérieuses, presque sévères et gracieuses. L'effet général est clair, il est lumineux, le regard vivant, limpide et doux comme il appartient à l'enfance. Le modelé en pleine lumière est un souffle qui traverse une vapeur, et cependant il suffit, tant il est bien com- pris et accusé avec bonheur, il suffit au faible en- châssement des yeux, à l'accentuation du nez, à l'arrondissement de toute la face. La ligne du nez semble un peu droite, la bouche un peu régulière, l'ensemble peut-être trop digne et trop noble, mais on n'oubliera pas que François Clouet peignait le

Dauphin de France, qu'il venait de terminer l'effigie du roi François Ier, qu'il avait sous les yeux le
roi Henri II. Quoi de plus simple que d'associer à la
plus scrupuleuse imitation certains goûts d'élégance,
certaines recherches rétrospectives. Le peintre de la
cour avait bien quelques-unes des obligations du
courtisan, et était-ce dépasser les limites du rôle
que de chercher dans les traits de cet héritier du
trône, et de forcer un peu, la ressemblance avec
un père et un grand-père. On lit dans le fond, au
haut du portrait, l'inscription suivante, tracée en
lettres d'or : *Françoi Dauphin* [1].

De l'année 1547 à l'année 1551, existe une lacune
dans la biographie de François Clouet. Je la comble-
rai probablement dans la suite de mes recherches,
je crois inutile de la remplir aujourd'hui par des
conjectures. Libre à chacun de faire les siennes.

En 1551-54, nous trouvons François Clouet
occupé à peindre des *devises et les croissants lacés*
du roi Henri II sur le coffre d'un chariot. On ne se
méprendra pas sur la nature de cette occupation,
devenue de nos jours un métier. On avouerait connaître bien peu les habitudes du moyen âge, con-
servées et maintenues pendant presque tout le XVIe
siècle, si l'on s'étonnait des occupations si variées

---

1. Ce portrait, si important à cause de sa date, a été acheté en Hollande par
M. F. van Ertborn, en 1833; il fait aujourd'hui partie du Musée d'Anvers et se voit
dans la salle qui réunit tous les précieux tableaux légués à sa ville natale par cet
amateur aussi généreux que distingué. Le Catalogue de 1849, suivant en cela les indications du donateur et une inscription tracée sur le cadre, l'attribue à Jean Holbein.
Je discuterai, plus loin, cette fausse attribution.

d'un peintre, si l'on trouvait insolite cette obligation de *tout faire*. Ce fut et c'était encore la position
des artistes dans tous les pays [1], un peu plus, un
peu moins, selon les contrées et les hommes, selon
les protecteurs et les protégés; c'était encore la
règle commune. Voici ce document :

« A Francisque de Carpy, menuysier itallien,
demourant à Paris, la somme de 77 livres dix sols
tournoys pour son payement de la menuyserie par
luy faicte pour ung chariot branslant qu'il a garny
d'un grand coffre de bois appelé mect, de petits
coffrets, siéges, tables et autres choses nécessaires.

« A Françoys Clouet, peintre dudict seigneur, la
somme de vingt livres tournoys pour son paiement
d'avoir peint et figuré de fin or et argent durant ce
présent mois (mars) le dedans dudict coffre appellé
mect, y avoir peint plusieurs croissants lacez et

---

1 Au moyen âge la confusion était complète, l'histoire des ducs de Bourgogne
fourmille de preuves de la soumission entière des artistes. Au xvie siècle, en Italie,
c'était aussi aux grands peintres qu'on s'adressait pour décorer les meubles; en 1522,
Andrea del Sarto, J. da Pontormo, Fr. Granacci et Il Bachiacca se partagèrent la
tâche d'orner le lit et les meubles de la chambre des nouveaux époux Pietrofrancesco
Borgherini et Marguerite Acciajuoli, et ils rivalisèrent de talent dans une suite de re
présentations de la vie de Joseph. Les plus grands artistes de l'Italie concouraient
aussi à la décoration des voitures. Vasari en donne quelques exemples Ainsi, en
1513, lors de l'élection de Léon X, on construisit deux voitures de triomphe sur les
plans de Andrea Dazzi. Pontormo, un grand peintre, représenta en grisaille des
scènes de la mythologie partout où la peinture pouvait prendre place.
En 1516, à la Saint-Jean et à l'occasion de la fête de la ville, on voulut promener
dans Florence les députations des villes voisines; des voitures furent construites, et
les artistes du plus grand talent se chargèrent de les orner de peintures; Andrea del
Sarto peignit une voiture. On pourrait encore citer Albertinelli, Franciabigio, etc., qu
ne dédaignèrent ni les écussons, ni les armoiries, ni les enseignes. Ce dernier genr
d'occupation fut aussi du domaine d'Andrea del Sarto : en 1528, il peignit à Florence
un Jacob, avec son bâton de pèlerin et deux enfants près de lui, sur la bannière de la
confrérie, dont il était membre.

chiffres faicts aux devises d'icellui seigneur [1] de laquelle somme ce dict receveur lui a faict paiement comptant, comme appert par sa quittance signée à la requeste de M. Claude Guyot, notaire et secrétaire du Roy, le deuxième jour de juillet l'an mil cinq cens cinquante quatre [2]. »

A cette époque (1553), il peignit un délicieux portrait en pied du roi Henri II, et il faut s'arrêter devant ce chef-d'œuvre. Le roi est déjà vieux quoiqu'il n'ait que trente-cinq ans, ou plutôt il est devenu lourd, ce qui est même chose au point de vue de l'élégance. On sent dans la force de son encolure, dans le poids de sa tête, dans l'aplomb de ses jambes, que les allures de la jeunesse ne vont plus à cet homme; on sent aussi la puissance de vie qui anime encore ce corps robuste.

Le roi est debout, la main gauche appuyée sur la hanche au-dessus du pommeau de son épée; de la main droite, il tient ses gants; sa tête est coiffée d'une toque à plumes frisées. On distingue une boucle à l'oreille gauche. L'ombre portée du corps s'étend

---

1. Nous connaissons ces croissants lacés; nous savons à quelle beauté s'adressaient ces devises qui par un ingénieux effort confondaient ensemble la passion adultère et la fidélité conjugale afin de satisfaire la galanterie en respectant les convenances. Brantôme parle quelque part « de ces litières tant dorées, tant superbement couvertes et peintes de tant de belles devises, les coches et carrosses de même, et les hacquenées si richement enharnachées. »

2. « Compte seizième de M. J. de Lyonne receveur et payeur du faict de l'escurye du Roy nostre Sire durant une année entière, commancée le premier jour de janvyer mil cinq cens cinquante ung et finie le dernier jour de décembre ensuivant mil cinq cens cinquante deux. » Le paiement a pu se faire deux ans plus tard que le compte ou peut-être un fragment de compte de 1554 aura été maladroitement fondu dans le compte de 1551, comme il y en a malheureusement plus d'un exemple dans les archives générales.

sur un parquet de marbre à compartiments. Dans le
fond du tableau pendent deux rideaux de satin vert;
celui de gauche est noué par le milieu et relevé.

L'effet lumineux de cette peinture a un léger
reflet métallique comme le tableau de Jean Van Eyck
à Bruges qui représente le chanoine Vander Paele,
et cependant le ton général est harmonieux et brillant, quoique tendant au verdâtre. La touche est
fondue dans l'épaisseur de la couleur; les lumières,
vivement accusées comme si le modèle avait posé
dans un atelier éclairé de haut, sont posées en relief, en coups de pinceaux fermes et précis; les
cheveux, les sourcils et la barbe sont rendus avec
minutie dans le mouvement et la ténuité propres à
ces différentes natures de poils. La barbe se détache
dans sa coupe régulière avec quelque dureté sur le
col de la chemise de mousseline blanche brodée
d'or[1]. Les yeux ont une expression vive et profonde;
ils se meuvent dans l'enchâssement du crâne, sous
la contraction du sourcil gauche qui est particulier
au visage de Henri II. On peut trouver dans l'expression de cette figure de la vigueur matérielle,
une nonchalance morale, de la noblesse de sentiment et aussi de la bonté[2].

Tout l'ensemble de cette petite merveille offre

---

1. Cette dureté, loin d'être un défaut, est un effet naturel, fidèlement rendu, et qui
se reproduit dans le buste du même prince, sculpté par Jean Goujon (Musée du
Louvre, nouvelles salles de la Renaissance, cheminée de Villeroy).

2. Ce portrait est inscrit sur l'inventaire Bailly de 1709, il était à cette date dans la
petite galerie du roi à Versailles.

une peinture flamande, flamande primitive, découlant en ligne directe, on dirait presque sans intermédiaire, de Jean Van Eyck ; c'est aussi une peinture française par l'éclat, la tournure, le charme et l'élégance. L'influence italienne est nulle : pas une règle de convention n'y est observée, pas un procédé expéditif n'est suivi ; il n'y a pour ainsi dire pas de manière, c'est la réalité dans sa puissance la plus étonnante, et le souvenir qu'on en conserve est tellement grand et saisissant, que devant l'habile amplification de M. Gérôme [1], qui a reproduit cette miniature, dans les proportions du modèle, on recherche dans sa mémoire si l'original de François Clouet n'est pas, lui aussi, peint de grandeur naturelle. Cette puissance particulière à tous les chefs-d'œuvre, quelle que soit leur réduction microscopique, puissance dont les médailles et pierres gravées de l'antiquité donnent des témoignages si frappants, tient ici à cette particularité, que le tableau du Louvre n'est certainement qu'une répétition en miniature d'un original, grand comme nature, qui n'est pas parvenu jusqu'à nous [2].

---

1. Ce portrait a été commandé par le roi Louis-Philippe pour orner la chambre dite de *Henri II.*

2. Sous le n° 1711, et sous le nom de François Clouet, on a placé dans l'attique de Versailles, collection des portraits historiques, une copie ancienne du grand original de Janet, aujourd'hui perdu ; c'est un portrait en buste, grossièrement peint, qui ne peut être une amplification du petit portrait du Louvre, et qui est bien certainement une reproduction de même grandeur que le vrai original. Nous avons dans la galerie du Louvre, sous le n° 1292, une autre copie du temps, grandeur de demi-nature et en buste. Elle porte au bas une inscription qui prouve qu'elle appartenait à l'une de ces nombreuses séries qui furent exécutées, pour ainsi dire, en fabrique, et défrayèrent la passion des collecteurs.

Ainsi occupé et aux petites et aux grandes be-
sognes, s'acquittant également bien des unes et des
autres, François Clouet était entouré d'une grande
considération. Nous en avons de nombreux témoignages. Le maréchal de la Vieilleville raconte ce
qui suit dans ses Mémoires, que son secrétaire a
trouvés tout rédigés dans cette forme indirecte et
faussement modeste dont Sully nous a donné le plus
grave et quelquefois le plus risible échantillon.
M. de la Vieilleville était appelé près du roi Henri II
à Villers-Cotterets, en 1558 :

« Je ne me veulx arrester aux faveurs, caresses
et honneurs qu'il receust du roy, de la royne et
généralement de toute la cour qui furent fort
grandes; mais celles de la royne estoient au nombre
des premières, à cause des médailles d'or qu'il
avoit données aux princes et chefs des troupes d'Al-
lemaigne, qui estoient venues à Théonville et qu'il
l'avoit tant favorisée que de mettre son portraict de
l'aultre costé de celuy du roy, son seigneur et mary
dont elle luy en sceust un merveilleux gré. Mais
le comble de son contentement fut que luy en ayant
faict, M. de Vieilleville, présent des trois poids et
espèces, elle se y veid si au naturel représentée,
que le plus habile painctre de France ne l'eust sceu
mieulx portraire avec le pinceau, par la confession
même de Janet, le plus excellent ouvrier de ce
temps là

En 1559, François Clouet figure au nombre des officiers de l'hôtel du roi, qui reçoivent une gratification de draps; son nom est mal écrit par le scribe, mais il ne peut y avoir doute :

« A François Cloudet, paintre du feu Roy, sept aulnes et demye dudict drap.

(Quatrième et dernier compte de l'argenterye du Roy pour l'année finie m. v^e lix, pour le quartier de juillet, aoust et septembre.) »

Bien près de cette date, nous le trouvons occupé une seconde fois à mouler le masque de son second maître et à colorer cette empreinte pour servir à son effigie. Je lis cet article dans : « le Roole des parties et sommes payées pour les obsèques et pompes funèbres du feu roy Henri II en 1559.

« Et premièrement à François Clouet, peintre et valet de chambre dudit seigneur — à scavoir vingt solz en plâtre, huile et pinceaulx pour mouler le visaige et effigie d'icelui deffeunct roy — douze livres dix solz pour vingt cinq livres de cire blanche — emploiée pour ladite effigie — quarante huit solz pour six livres de céruse pour mettre avec ladite cire blanche. »

Plaçons à cette date les portraits de François II [1]

France, composés par Vincent Carloix, son secrétaire. Paris, in-12, 1757; tome IV, p. 125.

1. Brantôme a fait un chef-d'œuvre de son discours iii sur Marie Stuart. Il croyait que Charles IX aurait épousé sa belle-sœur, si, à l'époque de son fatal départ, il se fût trouvé en âge de se marier : « Car je l'en ai veu tellement amoureux que jamais il ne regardoit son portrait qu'il n'y tint l'œil tellement fixé et ravy qu'il ne s'en pouvoit jamais oster et s'en rassasier et dire souvent, que c'estoit la plus belle princesse

et de Marie Stuart, et les grands tableaux des so-
lennités officielles, où figuraient insolemment les
deux Guises, ses oncles. Janet suffit à la tâche difficile de rendre le charme de cette beauté et l'étiquette de ces cérémonies [1].

Il ne faudrait pas, en effet, restreindre la mission
du portraitiste à la reproduction d'un modèle, assis
ou posé debout devant lui. Les conditions du portrait peuvent se retrouver dans des compositions
compliquées, quand la ressemblance des modèles,
l'arrangement des poses et l'imitation des détails
font supposer que le tableau, dans toutes ses parties, a été exécuté d'après nature et d'après des
personnages connus. La Paix de Munster, par Ter-
bourg, et la Leçon d'anatomie de Nicolas Tulp, par
Rembrandt, sont les successeurs immédiats de ces
compositions de Janet.

Ces tableaux officiels, à en juger par leurs dimensions, furent destinés, dès l'origine, à orner une
galerie; en 1709 nous les possédions encore, ainsi
que le prouve l'inventaire dressé par ordre de
M. le duc d'Antin. En voici le titre et le chapitre
concernant Janet :

« L'inventaire général des tableaux du Roy fait
en 1709 et 1710 par le s⟨r⟩ Bailly, garde desdits tableaux suivant les ordres qui luy en furent donnez.

qui nasquit jamais au monde. » François Clouet seul avait pu entreprendre cette
difficile tâche et l'accomplir.

1. Je parle de ces portraits dans le dernier paragraphe. Je ne cite ici que les
tableaux qui servent à fixer la biographie des Clouet.

Remis la présente copie au s^r Stiemart chargé du netoyement desdits tableaux.

« Louis Antoine de Pardaillan, de Gondrin, duc d'Antin, pair de France — surintendant et ordonnateur général des Bâtimens et jardins du Roy, Arts, Académies et Manufactures royales.

« Avons fait remettre au sieur Stiemart, peintre du Roy, le présent inventaire des tableaux de Sa Majesté, afin qu'il les connoisse, qu'il prenne grand soin de les netoyer et entretenir en bon état de propreté, que dans le transport, qui s'en fera, d'un lieu en un autre, il prenne conjointement avec le sieur Bailly, garde desdits tableaux, les mesures et les précautions nécessaires pour qu'ils ne puissent être gatez et que, dans les temps que nous lui ordonnerons, il fasse netoyer les peintures des platfonds tant de la galerie de Versailles que des apartemens.

« A Paris le 6 juin 1722

« Le Duc D'ANTIN

« Par mondit seigneur, MARCHAND. »

On lit ce qui suit au chapitre : *École françoise*, fol. 185.

Jeanet.

« I. Un tableau représentant le portrait d'Henry deux, en pied, figure d'onze pouces, ayant de hauteur un pied un pouce sur sept pouces de large, peint sur bois dans sa bordure dorée. A Versailles, petite galerie du roy.

« II. Un tableau représentant des soldats qui donnent un assaut à une forteresse, et sur le devant, un homme armé tenant son épée à sa main. Figures de petite nature, ayant de hauteur cinq pieds et demy sur quatre pieds et demy de large, coupé à oreille par les bouts. Au Luxembourg, cabinet doré.

« III. Un tableau représentant un galerie ; sur le devant est un homme armé et un autre homme auprès, habillé de jaune avec des manches et des bas blancs. Figures de petite nature, ayant de hauteur cinq pieds et demy sur huit pieds neuf pouces de large, coupé à oreille par les bouts. — Idem.

« IV. Un tableau représentant la Reine Catherine de Medicis, habillée de blanc, en présence d'un cardinal recevant un anneau d'un ambassadeur qui a une fraise au col, avec un petit manteau et la main sur son épée, accompagné de plusieurs figures et derrière une tapisserie remplie de fleurs de lis. Figures de petite nature, ayant de hauteur cinq pieds et demy sur sept pieds et demy de large. — Idem.

« V. Un tableau représentant le roi Henry II et la même Reine Catherine de Medicis, se donnant la main l'un à l'autre ; d'un costé est un cardinal et de l'autre plusieurs figures, entre autres un nain, tenant une montre et un bouquet de fleurs. Figures de petite nature, ayant de hauteur cinq pieds et demy sur sept pieds et demy de large. — Idem.

« VI. Un tableau représentant la même Reine

Catherine de Medecis, habillée d'une robe blanche avec des fleurs de lis d'or, recevant l'anneau d'un homme vêtu d'un manteau violet avec des gants blancs, en présence de cinq cardinaux et plusieurs autres figures de petite nature, ayant de hauteur cinq pieds et demy sur sept pieds et demy de large. — Idem.

« VII. Un tableau représentant la même Reine, habillée de noir, tenant par la main un jeune homme armé; un cardinal est auprès d'elle, un homme armé est au bas qui salue la Reine et derrière luy des soldats rangez en bataille. Figures de petite nature, ayant de hauteur cinq pieds et demy sur sept pieds et demy de large. — Idem.

« VIII. Un tableau représentant le cardinal de Lorraine, ayant l'étole et le surplis, recevant un homme revêtu d'une cotte d'armes bleue, prosterné derrière un homme tenant un chapeau avec une plume blanche. Figures de petite nature, ayant de hauteur cinq pieds et demy, sur sept pieds et demy de large.

« IX. Un tableau représentant le même cardinal archevesque de Rheims, assis sous un dais, qui met une couronne sur la tête de Henry second à genoux, couvert d'un grand manteau d'étoffe d'or, doublé d'hermine en présence de plusieurs cardinaux. Figures de petite nature, ayant de hauteur et largeur cinq pieds en carré. »

De tous ces tableaux, le premier seul a passé de
la petite galerie du Roi, à Versailles, dans la galerie
du Louvre. Que sont devenus les autres? Peints pour
Henri II, François II et Charles IX, comment ont-ils
été au Luxembourg prendre place, et une place qui
semble leur avoir été réservée dans la boiserie primitive, puisqu'il n'est pas question dans l'inventaire
de la bordure qui les encadre? J'ai vainement inter-
rogé les traditions; j'ai cherché sans plus de succès
dans l'ouvrage de M. de Gisors quelques détails sur ce
cabinet doré, quelques renseignements sur l'origine
de cette précieuse collection. L'historien du palais
de Jacques de Brosse ne semble pas se douter que
l'un ou l'autre ait existé. Voici mes conjectures :
Marie de Médicis dut transporter au palais du
Luxembourg, elle dut y développer à l'aise, les
goûts dont elle n'avait fait que l'essai au Louvre.
Nous pouvons nous faire une idée du cabinet doré
du Luxembourg par la description que nous a conservée Sauval du cabinet doré de l'appartement des
reines mères au Louvre :

« Marie de Medicis pendant sa régence fit dorer
une chambre dans l'appartement des Reines mères,
et n'oublia rien pour la rendre la plus riche et la
plus superbe de son temps : elle fut ornée d'un lambris et d'un plafond; on y employa un peu d'or et
de peinture : Dubois, Freminet, Evrard, le père
Bunel, tous quatre, les meilleurs peintres de ce
tems là, déployèrent tout leur art, autant par ému-

lation entre eux, que pour faire quelque chose qui
plût à cette princesse : Evrard peignit les plafonds,
les autres travaillèrent aux tableaux qui règnent
au dessus du lambris doré, dont la chambre est
environnée, et quelques peintres Florentins firent
d'après nature les portraits des héros de Medicis
qu'on voit entre ces tableaux. » (Sauval. II, 34.)

C'est bien la disposition que devaient avoir les
grands tableaux de François Clouet dans le cabinet
doré du Luxembourg, et pourrait-on s'étonner
qu'elle se les appropriât, quand on voit avec quelle
volonté, quelle ténacité elle s'empare des marbres
qu'on avait destinés au tombeau des Valois, malgré les plaintes et les oppositions des puissants religieux de Saint-Denis. Cependant, lorsque Malingre,
en 1640, décrivit le palais du Luxembourg, il
semble n'avoir pas vu les tableaux : « De ce même
costé (à droite) est la chambre de la Royne, belle,
grande, et carrée, enrichie d'une cheminée admirable garnie de deux gros chenets d'argent — De
cette chambre on entre au cabinet, le plus riche
qu'il se puisse voir. Le plancher est fait de mar-
quetterie de bois, la cheminée d'un ouvrage très
rare et tout doré, le lambris fait de pièces de menuiserie de rapport doré, les vitres de fin cristal, et au
lieu de plomb pour les lier, la liaison est toute d'argent. » Sauval avait réuni des notes sur le palais du
Luxembourg ; il voulait décrire « comme il convenait », dit-il (page 189, tome II), cette grande habi-

tation ; mais ses éditeurs n'auront pas retrouvé ses notes, car c'est à peine s'ils ont réservé un article (tome III, p. 7) au palais de la reine Marie de Médicis.

Germain Brice, en guidant les étrangers dans ce palais, semble uniquement préoccupé de la galerie de Rubens, qu'il décrit longuement, après quoi il se contente de dire : « Le reste des appartements de ce palais n'a rien de fort extraordinaire. On y verra seulement des plafonds chargés de quantité de sculptures très richement dorées, où il paroît un soin et un travail extrême. » Cette phrase n'était pas dans la première édition de 1684, elle est prise dans l'édition de 1706, la cinquième, qui correspond avec la date de l'inventaire Bailly, et elle se répète uniformément dans les suivantes. L'excellent Germain Brice, auquel M. Brunet n'accorde pas même un article dans la table générale de son Manuel qui admet tant de livres de bien moindre valeur que la description de Paris ; Germain Brice, dont M. Querard fait un grave bénédictin, un Dom [1] ; Germain Brice, enfin, notre guide continuel, n'était pas homme à passer sous silence huit grands tableaux de Janet, mais il ne pouvait pas tout voir, et, jusqu'à la dernière édition qu'il surveilla lui-même, il n'en parle pas. Après sa mort, survenue le 18 novembre 1727 [2], sa Description de Paris

---

1. Il est de fait qu'il portait l'habit ecclésiastique, mais uniquement comme abbé, car il n'entra jamais dans les ordres. Il eut un parent qui se fit bénédictin.

2. Il avait 74 ans.

s'épuisa, et, en 1740, le libraire s'adressa à
Mariette pour qu'il corrigeât et complétât une
nouvelle édition. Le célèbre connaisseur se chargea
du travail, le mena jusqu'à moitié, et puis l'a-
bandonna ; l'abbé Perreau termina l'ouvrage, qui
parut en 1752. Dans le troisième volume de cette
édition, page 400, on lit ce qui suit :

« Avant que d'arriver à la chambre de la reine,
il faut traverser un grand cabinet où sont disposez
dans tout le pourtour différens tableaux qui représentent, plusieurs sujets de l'histoire des princes de
la maison de Medicis. Ce sont, à ce que l'on croit,
des copies que la reine fit faire à Florence d'après
des tableaux de Côme Roselli et d'autres peintres
contemporains qui sont dans le casin de saint Marc.
Ils sont cependant singuliers, à cause de ce qui y est
exprimé. I. Le premier en entrant représente le
mariage de Henri Dauphin, depuis roy de France,
avec Catherine de Medicis, qui fut célébré à Mar-
seille par le pape Clement VII en présence de François I. II. Le second est l'entrevue de François de
Medicis, prince de Toscane, avec Jeanne d'Autriche
fille de l'empereur Ferdinand premier, qui devint,
peu de temps après, son épouse. III. Ferdinand
premier, grand duc de Toscane, épousant Marie de
Medicis au nom de Henry IV. IV. L'embarquement
de Marie de Medicis pour venir en France ; on y
voit cette princesse prête à entrer dans une des galères du Roy richement équipée. V. Le tableau sui-

vant est placé sur la cheminée, il représente une
expédition faite par les troupes du grand duc sur
les infidèles. VI. Tableau au dessus de la porte de
la chambre de la reine ; on remarque le pape Pie V
qui donne la couronne de grand duc de Toscane à
Cosme premier. VII. Représentation fort exacte et
très détaillée des cérémonies qui furent observées à
l'occasion de l'échange des deux reines sur la rivière
de Bidassoa en 1615. VIII. Combat naval entre les
galères de la religion de saint Etienne et celles des
Turcs. IX et X. On ignore les sujets du neuvième et
du dixième tableau : Dans le premier un prince
rend hommage à un souverain pontife, et dans le
second un général prend congé d'une princesse de
la maison de Medicis pour aller se mettre à la tête
de l'armée. »

Il importe, au risque de perdre le fil conducteur,
d'observer ici les règles de la critique. L'inventaire
du Louvre a été rédigé par Bailly, en 1709, avec
toutes les ressources d'une tradition bureaucra-
tique qui se transmettait dans l'administration de
la maison royale, et de documents qui s'étaient conservés dans ses archives. L'attribution des tableaux
du Luxembourg à Jannet offre cette première garantie, sans compter que Bailly, qui était expert, leur
associe le portrait de Henri II, reconnu par nous-
même pour un Jannet incontestable. En 1752, un
écrivain quelconque, et non pas Mariette, qui n'eut
part qu'à la révision de la première moitié de

l'édition, trouve bon de parler des tableaux du cabinet doré ; il en décrit dix, et dans ce nombre :

Le n° 1 correspond au n° 5 de Bailly ;
Le n° 3   »   au n° 4   »
Le n° 4   »   au n° 3   »
Le n° 5   »   au n° 2   »
Le n° 10   »   au n° 7   »

Sans faire de distinction entre eux, le nouvel éditeur les attribue tous *à Cosme Roselli et à d'autres peintres contemporains*.

Cosme Rosselli, peintre florentin, faisait fort bien les portraits et les scènes animées de nombreux personnages ; mais Vasari, qui écrit sa vie et parle de ses ouvrages, nous apprend qu'il mourut en 1484, à l'âge de 68 ans. C'est donc une erreur de l'éditeur ; il a voulu écrire Mathieu Rosselli, qui peignit en effet, vers 1610–20, plusieurs tableaux représentant des sujets tirés de l'histoire des Médicis [1], et mourut en 1650. Mais comment Bailly aurait-il confondu les productions d'un élève des Carraches avec la fine peinture de François Clouet ? Pareille erreur n'est pas admissible. Il faut, pour sauver l'honneur de l'éditeur de la Description de Paris, supposer qu'entre l'année 1709, date de l'inventaire, et l'année 1752, date de l'édition, il se

---

[1]. Callot en a gravé quelques-uns, j'ai vu au cabinet des estampes de la Bibliothèque nationale des épreuves de ces gravures amenées à différents états ; on a offert à la direction du Musée du Louvre, en 1849, l'acquisition des planches.

sera fait des changements dans le cabinet doré.
Quelques tableaux de Janet auront été retirés pour
faire place à des tableaux de Roselli, qui se trouvaient dans d'autres parties du palais. Et qu'importe! Que sont devenus ces tableaux? Pouvons-
nous espérer retrouver sous quelque lambris, sous
la toile ou le badigeon les huit merveilles de François Clouet? Vaines illusions! nos révolutions ont
passé par là. La première avait besoin de cachots,
en 1793. La guillotine n'allait pas aussi vite que les
arrestations, et on convertit alors les appartements
du Luxembourg en prisons pour y enfermer les
Girondins, Héraut de Sechelles, Danton et tant
d'autres. Je vois d'ici les mains sanglantes qui arra-
chent ces délicates peintures, ces représentations
des cérémonies royales, et jettent au feu leurs ais
de bois. Auraient-ils été mieux traités, ces précieux tableaux, alors que les cinq directeurs prirent, en 1795, possession du palais, ou bien
quand les consuls s'y installèrent, et, après eux, le
sénat conservateur? Non, certes, et la violence
des uns aurait eu pour corollaire la peur et l'in-
différence des autres [1].

Janet, peintre d'histoire, abondant, varié dans la
composition, se présente sous un aspect nouveau

---

1. M. de Gisors s'exprime ainsi dans sa Description du Luxembourg : « A l'époque
où le Directoire fit exécuter pour son installation des travaux considérables dans l'enceinte du palais, l'architecte Chalgrin avait recueilli avec soin les boiseries et les
panneaux qui ornaient jadis, entre autres appartements, l'oratoire et les archives de
la régente Marie de Médicis. »
Ces boiseries peintes et dorées ont servi à lambrisser la salle dite *du Livre d'Or*;
il n'y a rien de Janet, il n'y a même rien de son époque.

que nous envisagerons, dès que nous aurons retrouvé cette suite de peintures, ou lorsque nous
pourrons constater l'authenticité du tableau placé
aujourd'hui dans la collection de M. le comte de
Carlisle, au château Howard, près de Yorck.
M. Waagen l'attribue sans hésitation à François
Clouet et le décrit ainsi : « Catherine de Medicis
avec ses enfants François II, Charles IX, Henri III
et la princesse Marguerite. Figures grandes comme
nature et en pied. Peint avec beaucoup de soin dans
son coloris pâle, et exécuté avec une finesse toute
particulière dans les mains. Un tableau supérieur à
tout ce que le Louvre possède de ce peintre de portraits français, le meilleur en son temps. »

Les anciennes tapisseries pourraient seules nous
familiariser avec la grandeur, la facilité, l'abondance des compositions de nos vieux maîtres français; mais ces tableaux tissés, d'ailleurs assez rares,
ne nous donnent qu'une idée fausse de leur talent,
parce que les esquisses conçues et exécutées sur cartons, dans les conditions propres aux métiers de haute
lice, reconnaissaient des obstacles et des limites
que ces mêmes peintres n'auraient pas rencontrés
sur la toile. Les verrières de nos églises se prêtaient
mieux à l'abondance de leurs idées, à la grâce de
leurs compositions, à l'éclat de leur coloris. Malheureusement les vitres sont fragiles, et, depuis l'enfant qui leur déclare la guerre avec la pierre de sa
fronde, jusqu'à l'homme fait qui les détruit avec la

hache de l'émeute, elles ont partout trouvé des van-
dales. C'est encore, à tout prendre, cet art tout français qui nous transmet le plus complétement le talent
de nos peintres, qui lève le plus indiscrètement le coin
de ce rideau derrière lequel est cachée la grande
activité de nos artistes des xve et xvie siècles. Voyez
Conches, Rouen, Gisors, Écouen, Montmorency ;
visitez mille églises dont la France entière fit au xvi^e
siècle son musée de peintures brillantes et harmo-
nieuses, et vous comprendrez combien nous sommes devenus étrangers au cercle d'action dans
lequel se mouvaient tous ces artistes distingués ,
puisque nous pouvons douter de leur talent, mé-
connaître leur abondance productive et récuser leur
prodigieuse multiplicité. Ainsi, pour ne citer qu'un
nom, qui a eu l'honneur de servir de but à des recherches approfondies, Antoine Caron ne nous est-il
pas représenté comme un peintre de portraits, exé-
cutant timidement et par hasard quelques dessins
dans le goût italien? Mais M. de Montaiglon ignorait que ce peintre exécutait des tableaux de bataille
de quinze pieds de long[1]. Lors de l'entrée du roi à
Paris, en 1570, Nicolas Labbé et Camille Labbé, son
fils, deux peintres également inconnus, peignent
sur la frise de la salle seize tableaux d'histoire et
de figures poétiques, d'après les indications des
poëtes Ronsard et Dorat. Or, cette frise avait dix

---

[1]. Voir Ant. Caron, parmi les peintres en titre d'office.

pieds de haut sur cent trente-deux pieds de long. On pourra objecter que c'était de la décoration, mais ce sont justement les qualités propres à ce genre de peinture, la hardiesse, la facilité, l'abondance, qu'on aurait été tenté de refuser à nos artistes.

François Clouet s'acquittait donc des devoirs de sa charge, qui avaient leurs alternatives tristes et gaies, comme tous les devoirs. Il est porté sur « l'Estat des officiers domestiques du Roy — durant l'année commençant le premier jour de jueillet l'an mil cinq cens cinquante neuf et finie le dernier jour de decembre mil cinq cens soixante :

« A Francois Clouet, paintre dudict seigneur, la somme de six vingt livres tournoys pour ses gaiges à cause de sondict estat pendant ladicte demye année (30 oct. 1559), VI^{xx}. »

A cette date, le peintre du roi avait atteint le point culminant de son talent, de ses succès et de sa vogue. Ronsard s'adresse à lui :

> « Pein moy, Janet, pein moy, je te supplie,
> « Sur ce tableau les beautez de m'amie
> « De la façon que je te les diray
> . . . .
> « Fay luy, premier, les cheveux ondelez,
> « Serrez, retors, recrespez, annelez,
> « Qui de couleur le cèdre représentent.
> . . . .
> « Que son beau front ne soit entre fendu,
> « De nul sillon en profond estendu :
> « Mais quil soit tel qu'est l'eau de la marine
> . « Quand tant soit peu le vent ne la mutine
> . . . .
> « Tout au milieu par la grève descende
> « Un beau ruby, ...
> « Après fay luy son beau soursy voutis

« D'ébène noir. . . . .
« Mais las! Janet, belas je ne scay pas
« Par quel moyen, ny comment tu peindras
« De ses beaux yeux la grace naturelle.
. . . .
« Après fay luy sa rondelette oreille
« Petite, unie, entre blanche et vermeille,
« Qui sous le voile apparoisse à l'egal
« Que fait un lis enclos dans un crystal.
. . . .
« Après au vif pein moy sa belle jouë,
« Pareille au teint de la rose qui noue
« Dessus du laict ou au teint blanchissant
« Du lis qui baise un œillet rougissant.
« Dans le milieu portraits une fossette,
« Fossette non, mais d'amour la cachette.
« Hélas Janet, pour bien peindre sa bouche,
« A peine Homère en ses vers te diroit
« Quel vermillon égaler la pourroit.
. . . .
« Plus blanc que laict caillé dessus le jonc
« Pein luy le col. . . . .
« Je ne scay plus, mon Janet, où j'en suis;
« Je suis confus et muet: je ne puis
« Comme j'ay fait, te déclarer le reste
« De ses beautés qui ne m'est manifeste:
« Las! car jamais tant de faveur je n'eu
« Que d'avoir veu ses beaux tetins à nu.
. . . .
. . . .
« Puis pour la fin portray luy de Thetis
« Les pieds étroits et les talons petits.
« Ha, je la voy, elle est presque portraite:
« Encore un trait, encore un : elle est faite.
« Lève les mains, ha mon Dieu, je la voy!
« Bien peu s'en faut qu'elle ne parle à moy. »

Je ne sais si mon admiration, mon engouement
pour la peinture des Janet, m'aveuglent sur la poésie de Ronsard, mais j'avouerai que ces vers m'en-
chantent; je retrouve dans cette description les
traits particuliers aux beautés du XVIe siècle, leur
costume, leur port et leurs grâces aussi. Les vers que

j'omets, faute d'espace, complètent la description du tableau de Janet, qui devait être une merveille, et qui a été rejoindre, dans le grand gouffre, tant d'autres merveilles.

Cette élégie peut avoir été composée vers 1560 ; Ronsard avait alors 36 ans et François Clouet 40. Muret, dans ses commentaires, fait cette remarque au mot Janet : « Ronsard prie en ceste élégie Janet, peintre très excellent (qui pour représenter vivement la nature a passé tous ceux de nostre aage en son art) de pourtraire les beautez de s'amie dedans un tableau. » Le savant Muret, qui faisait ainsi une sorte de débauche de son grave esprit, ou qui protestait, en commentant les amours de Ronsard, contre d'autres amours, beaucoup moins poétiques, qu'on lui avait reprochés à lui-même, vécut de 1526 à 1585. Les incidents de sa vie le poussèrent en Italie, mais il était en France en 1561 et 1562, à la suite du légat à latere, Hippolyte d'Est. Est-ce pendant ce séjour qu'il écrivit ce passage sur Janet ? Je serais disposé à le croire.

Je citerai encore ce charmant sonnet, le 178e du premier livre des amours :

« Je sens portraits dedans ma souvenance,
Tes longs cheveux et ta bouche et tes yeux,
Ton doux regard, ton parler gracieux,
Ton doux maintien, ta douce contenance.
Un seul Janet, honneur de nostre France,
De ses crayons ne les portrairoit mieux,
Que d'un archer le trait ingénieux
M'a peint au cœur leur vive remembrance.

> Dans le cœur doncque, au fond d'un diamant,
> J'ay son portrait, que je suis plus aimant
> Que mon cœur mesme. O vive portraiture!
> De ce Janet l'artifice mourra :
> Dedans mon cœur le tien me demourra,
> Pour estre vif après ma sépulture. »

Muret ajoute : « Janet, peintre du Roy, homme sans controverse, premier en son art. » Et cependant Muret revenait d'Italie ; avait-il cherché en vain, dans cette patrie des arts, une vérité aussi gracieuse, une grâce aussi naïve.

Toute la pléiade chanta ce délicieux peintre, et il ne faut pas croire, parce qu'elle le disait sans rivaux, qu'il fut sans confrères. Loin de là, sous la même influence qui l'avait vu grandir, s'était élevée une foule de peintres qui avaient leur public et leur cercle d'action, soit dans une classe de la société à Paris, soit dans une ville en province. Ces artistes, moins habiles sans aucun doute, et surtout moins en vue que Janet, auraient pu l'imiter servilement; quelques-uns se résignèrent à ce rôle, mais plusieurs d'entre eux eurent assez la conscience de leur art pour faire moins bien en continuant à faire autrement. Qu'on se donne la peine de chercher dans les crayons de la Bibliothèque nationale les portraits des enfants de Catherine de Médicis, dessinés presque en même temps, vers 1562 [1],

---

1. Ces portraits de Charles IX, de Henri III et de Marguerite de Valois portent, écrit d'une ancienne main qui n'est cependant pas contemporaine :

Pour le premier, « à l'eage de 12 ans. »

Pour le second, « à l'eage de treze ans. »

on conviendra que ces portraits ont un charme, une douceur, une harmonie très-séduisante, et cependant l'absence de fermeté et de caractère individuel ôtera toute idée de rapprochement avec Janet. Quel était ce peintre? On pourrait faire semblable question à propos de vingt peintures différentes.

La vogue, déesse capricieuse, fut fidèle à François Clouet, même au delà de la mort. Il est donc naturel qu'au moment où ses succès étaient incontestés, Charles IX, succédant à son frère, fut trop heureux de pouvoir conserver à son service, et parmi ses domestiques, un peintre aussi célèbre. Ses fonctions restèrent ce qu'elles étaient, et il s'en accommoda malgré sa célébrité, consacrant tout son temps à reproduire les traits de son roi, de la famille royale et des personnages de la cour, soit à l'huile, soit en miniature, soit au crayon. Nous avons conservé grand nombre de ces portraits; ils prouvent tous qu'il était supérieur à ses contemporains, et si la reine mère, afin d'avoir un peintre, s'attacha Estienne Dumonstier[1], c'était sans aucune prétention de rivaliser avec son fils.

Arrêtons-nous un instant devant les portraits de Charles IX et de la reine Élisabeth d'Autriche[2]. Il

---

Pour le troisième, « à l'eage de huict ans. »— Les autres sont faciles à reconnaître, le faire en étant tout particulier; et comme il se trouve parmi eux le portrait de Susanne Olivier de Leuville, mariée à Sébastien le Hardi, seigneur de la Trousse, née vers 1572, si cette attribution est exacte, ce peintre aurait encore travaillé vers 1588.

1. Voir plus loin, le chapitre des peintres en titre d'office. Compte de la Royne pour l'année 1560, et au Louvre le portrait de cette reine, n° 1293, placé à tort sous le nom de *Clouet dit Janet*.

2. Ces portraits font partie des tableaux du Louvre.

est temps d'indiquer les modifications qui s'étaient introduites dans la manière de François Clouet, modifications inaperçues pour lui et ses contemporains, mais sensibles pour nous, quand nous mettons en regard le portrait de François II, peint en 1547, celui de Henri II, qu'on peut dater de 1553 [1], et le portrait de son fils qui fut exécuté en 1570.

Charles IX est debout, en pied; il a la tête couverte d'une toque; sa main droite, retenant des gants, est appuyée sur le dossier d'un fauteuil; la gauche serre la poignée de son épée. Dans le fond, deux rideaux de soie verte sont relevés par le bas.

L'harmonie de ce petit tableau est générale, l'effet simple et clair, le modelé parfait, la touche fondue et perdue dans la couche de peinture excepté dans les cheveux, la barbe et les sourcils où elle exprime la ténuité du poil par la finesse des traits. Les yeux sont expressifs et doux; on sent la vie intérieure dans le regard, dans les narines, dans les lèvres, dans toutes ces parties délicates et nerveuses du visage qui traduisent l'émotion et se meuvent sous les yeux de l'artiste. Les mains sont royales dans leur délicatesse, élégantes de pose, vivantes par l'anatomie, par la contraction du mouvement et jusque par l'enchâssement des ongles. Minu-

---

1. Je décris plus loin un autre portrait de ce prince peint par Jean Clouet pour faire pendant au portrait de François I et qui fait partie des tableaux du roi de Hollande.

tieuse et adorable exactitude dans la reproduction
du costume, de la collerette, du collier, de l'épée,
de la broderie, des étoffes. Tout dans cette habileté
d'imitation surpasse le possible et n'a de comparable et d'analogue que certaines figures de Jean
Van Eyck, et cependant ce n'est plus ce peintre que
rappelle cette peinture : il a passé dans la manière
de Janet une sorte d'affadissement qui se fait sentir
dans l'harmonie trop générale du ton et dans le
fondu trop complet de la touche. Il semble que ce
délicieux portraitiste se soit donné la tâche difficile de rendre la nature telle qu'elle se présente
avec son fini égal partout, n'ayant d'accent tran-
ché ni dans l'effet, ni dans la couleur, ni dans la
touche. Il a réussi, en effet, à fondre, comme elle,
dans une harmonie générale les détails les plus mi-
nutieux, et pour juger s'il a bien fait d'abandonner
sa première manière, il faudrait s'attacher à quelque bon portrait peint par lui vers 1560. A ce
moment, il n'avait rien perdu des traditions pater-
nelles, et cependant il les avait modifiées selon ce
nouveau système.

Janet reproduisit ce portrait[1] avec quelques va-

_____

1. Je parle plus loin de ces répétitions du même original. Le tableau du Musée du
Louvre ne nous vient pas de notre ancienne collection, et il ne figure pas sur l'inventaire
Bailly à côté du portrait de Henri II ; il nous a été apporté de Vienne, après les con-
quêtes de 1809, et il est décrit dans le catalogue de Meckel, n° 64, page 218. Je ne
l'en tiens pas moins pour l'original peint par François Clouet, d'après quelque autre
portrait de lui, grand comme nature ; dire à la suite de laquelle de nos émotions, sé-
ditions ou révolutions, il passa à Vienne dans la collection impériale, c'est ce que je
ne puis.

riantes et en le réduisant de moitié. Il est curieux
de voir comment, dans les mains d'un homme de
talent, le moyen matériel n'est rien et se prête à sa
volonté. Sur une feuille de vélin avec des couleurs
à l'eau, il est parvenu à donner à ce petit portrait
autant de grandeur, à cette aquarelle autant de
solidité qu'à sa peinture originale.

Cette miniature a été mise en vente à la mort de
M. Auguste, ancien pensionnaire de Rome, le 29
mai 1850, avec cinq autres qui appartenaient évidemment à la même suite, mais qui n'avaient pas
toutes été traitées avec le même soin, ni par la même
main. Ces six miniatures étaient elles-mêmes déta-
chées d'une série dont nous connaissons déjà 12
numéros et qui a dû être plus nombreuse. Celles-ci
sont venues se prendre dans les filets de M. Hope;
le harpon de M. Ratier a saisi les six autres au passage, et au prix de 2,000 francs. Puisse le musée du
Louvre être assez bien inspiré pour conserver à
l'étude et à la France ces 16 miniatures, quand vien-
dra la vente de ces riches amateurs. Les collections,
ce noble passe-temps, ont le mérite d'embellir la
vie, elles n'ont pas le pouvoir de la prolonger ; et
le musée du Louvre, qui ne périt pas, est leur héritier naturel, s'il sait, au moment solennel des enchères, distinguer entre les objets d'art ceux dont
on retrouve toujours l'équivalent et ceux dont il
faut attendre, pendant cent ans, les pareils.

Le portrait de la reine Élisabeth d'Autriche,

peint l'année suivante (1571) lors de l'arrivée de
cette princesse à Paris, marque encore davantage
la pente que suivait Janet.

La jeune reine est représentée en buste et de
demi-nature; elle est coiffée de pierreries. Ses cheveux sont relevés sur le front, et ondulent à la mode
du temps; la collerette et les manches sont gode-
ronnées; la robe de soie, or et argent, est chargée
de pierreries. Les deux mains, réunies l'une sur
l'autre, occupent le coin gauche inférieur du tableau.

Effet général clair et harmonieux; modelé qu'on
croirait plat, à première vue, tant il est fondu, mais
qui se trahit et se détaille quand on le regarde atten-
tivement; la touche, perdue dans la peinture, s'ac-
centue à peine dans les lumières, en donnant à la
surface quelques rugosités. L'expression de vie
douce et calme est surprenante d'intensité, les yeux
merveilleux par la précision du dessin et la limpidité du regard; la bouche pèche par quelques dure-
tés dans la lèvre supérieure. Le détail du costume,
des pierreries, des perles, de la mousseline, ici
moelleuse, là empesée, de l'étoffe or et argent, est
admirable d'exactitude, surprenant de réalité; les
mains sont délicieuses dans leur forme délicate,
quoique un peu molles dans le contour et le modelé, mollesse qui va bien à ces jeunes doigts
effilés, aux extrémités rosées, aux ongles parfaits
de forme : deux anneaux sont passés dans ces

doigts, on croit pouvoir les saisir, tant ils jouent habilement le relief.

Si à la même époque, presque à la même date, nous trouvons ce peintre délicieux peignant des bannières, nous ne devons pas nous en étonner, car nous avons déjà dit que cette confusion d'attributions, héritée du moyen âge, se rencontrait en Italie comme en France. D'ailleurs, ayant déjà peint des voitures pour Henri II, François Clouet n'aurait pas rempli toute sa mission, s'il n'avait pas peint des bannières, des étendards et des cottes d'armes pour son frère Charles IX. Nous le voyons, en 1570, à cette œuvre dans « le compte de Mre Alain Veau, receveur et paieur de l'escuirye pour une demie année, commencée le premier jour de janvier mil cinq cens soixante et dix.

« A François Clouet, peinctre et varlet de chambre dudict seigneur, la somme de six vingt trois livres, à luy ordonnés, pour son paiement de plusieurs parties de son mestier qu'il a faictes et fournies sur le faict de ladicte escuierye, ainsi qu'il s'ensuit; assavoir :

« Pour avoir faict et estoffé sur douze bannières des trompettes, chacune, six grandes fleurs de lys d'or fin à huille, qui sont lxxii fleurs de lys, à raison de xxx s. pièce. . . . . Cviij liv.

« Pour avoir aussi estoffé et doré d'or fin à huille sur une cotte d'armes, pour ung poursuivant d'armes, douze fleurs de lys dont y en a six grandes au corps et six moyennes aux manches. . xv liv. »

De ce moment [1], François Clouet disparaît des comptes sans qu'il soit possible de déterminer l'époque de sa mort [2] ou d'établir d'une manière positive qu'il quitta ce monde en abandonnant sa charge. Cependant, comme c'est au milieu de ses succès qu'on le voit remplacé par Jehan de Court, un artiste beaucoup moins connu [3] et qui n'a pu, sans qu'il en soit resté de trace, conquérir une réputation de force à supplanter Janet, il est à supposer qu'il mourut jeune, en 1572 [4].

A cette date, François Clouet était encore aussi français que son père l'avait été au commencement du siècle ; seulement son talent avait perdu de sa sévérité sous l'influence délétère du succès et de la

---

1. Une assez pauvre gravure porte en titre : *Renatus Choppinus jurisconsultus. Ætat. suæ* 33. — *Effigies anno* 1570.— *Jannet, pinxit.* — *J.-Ch. Flipart, sculp.* On ne retrouve dans cette estampe ni la précision ni la vie des portraits de Fr. Clouet : il faudrait examiner l'original.

2. Il est certain qu'il ne vivait plus en 1574, car autrement, il aurait été chargé soit de la mission délicate et importante que la reine confia à Nicolas Belliard, peintre anglais attaché à la maison du duc d'Alençon (il s'agissait de rapporter de Suède les portraits des filles du roi Jean), soit de celle que le roi Henri III donna à un autre peintre, qui alla en même temps faire le portrait de Louise de Lorraine, soit enfin de la commission, bien secrète, de peindre une seconde fois les princesses suédoises, et cette fois en costumes français, semblables à ceux que portait la princesse de Vaudemont. Dans cette circonstance les peintres étaient-ils à la hauteur de leur mission? il faudrait voir leurs productions pour décider.

3. Chercher ce nom dans le chapitre des peintres en titre d'office.

4. Léonard Gauthier avait réuni, de côté et d'autre, 144 portraits originaux et ressemblants, qu'il grava sur une même planche, et qu'il mit en vente sous ce titre :

Pourtraictz de plusieurs hommes illustres qui ont flory en France depuis l'an 1500 *jusques à présent.*

Ce *jusques à présent* resterait à fixer. On peut, à quelques années près, lui assigner la date de 1598. Le portrait de *François Clouet dict Janet*, figure dans le nombre sous le n° 141 entre Claude Garamont, le graveur de caractères, et Anthoine Caron, le peintre. Clouet a une forte barbe, et semble compter cinquante ans. C'est à peu près l'âge qu'il avait au moment de sa mort.

victoire. Il lui eût été plus facile de lutter contre la
grande concurrence italienne que contre lui-même,
les défauts de ses rivaux eussent soutenu ses qualités ;
mais resté seul, il cessa de se regarder, et pour ainsi
dire de se voir passer. La manière, non pas celle qui
vient de l'imitation et à laquelle il était supérieur,
mais la manière qui s'infiltre d'elle-même à la suite
des commandes banales et des travaux trop nombreux, la manière le gagna, et, comme un voile,
s'interposa entre ses yeux et son modèle. L'observation patiente, l'étude religieuse de la nature, firent
place à une certaine habileté de main qui rend ses
derniers ouvrages moins caractéristiques et par cela
même plus difficiles à reconnaître au milieu des
copistes habiles qui, sous sa propre direction, re-
produisaient, soit en miniature, soit au crayon, ses
peintures à l'huile, ses miniatures et ses crayons.

Loin de diminuer, en effet, la passion des portraits s'était étendue à toutes les classes de la société. Non-seulement on faisait faire son portrait et
les portraits de sa famille, mais il était de mode
d'avoir sur sa table et dans son cabinet des livres de
portraits, recueils qui commençaient ordinairement
par des séries de rois et de reines, et qui se termi-
naient par les plus illustres contemporains. Madame
de Boissy a peut-être le mérite d'avoir mis ce goût
à la mode, et il fut si rapidement populaire, qu'on
dut perfectionner les moyens de reproduction les
plus rapides. Nous devons à cette douce manie des

recueils de crayons très-précieux, des collections de miniatures adorables, et des suites de gravures charmantes. Les uns et les autres nous ont transmis en copies bien médiocres souvent, et quelquefois très-habiles, des traductions altérées, mais enfin des traductions d'une foule d'originaux à tout jamais perdus.

Les portraits aux crayons de deux ou trois couleurs furent les plus recherchés et avec raison, car ils rendaient assez fidèlement le caractère et le charme des peintures originales. On en mit en circulation un nombre incalculable, et force nous est d'en dire quelque chose, afin de leur assigner leur véritable place, notre opinion étant qu'on a fait dans ces derniers temps trop d'état de ces crayons.

Si on s'était contenté d'en apprécier le charme fugitif, le mérite comme copies aussi exactes que le permettent les faibles ressources de trois crayons ; si même on s'était principalement attaché à faire ressortir l'utilité et l'importance de ce musée iconographique, j'aurais souscrit à cet engouement ; mais on a voulu en faire un art à part et juger, d'après ces faibles reproductions, la valeur et la puissance de notre école de peinture du seizième siècle. Ici, je proteste hautement. Il n'entre pas dans ma pensée d'adresser ces reproches à M. Niel, l'estimable auteur d'une collection de crayons reproduits merveilleusement bien et des notices piquantes qui les accompagnent. M. Niel a trop bien étudié son sujet pour tomber dans l'erreur que je crois devoir signaler aux amateurs ; malgré les exigences de la monographie, en dépit de l'entraînement un peu aveugle d'une préoccupation unique, je ne vois rien dans ce qu'il a écrit jusqu'à présent qui élève ou qui étende la spécialité du crayon au delà de ses vraies limites. Peut-être qu'en mettant dans les mains du public ses consciencieux facsimile, il aura donné, par le fait de leur publication, plus d'importance aux crayons qu'aux peintures originales elles-mêmes ; mais c'est là un tort bien pardonnable, et on le réparera en reproduisant avec autant de soin et de succès les portraits peints à l'huile.

Il me reste à exprimer ma conviction que Jean Clouet n'a jamais fait un seul crayon, et je serais disposé à croire que François Clouet lui-même n'a employé ce genre léger, facile, expéditif, que pour se répéter, après avoir peint à l'huile le portrait original d'après nature. Si quelque production de son habile main pouvait modifier mon opinion, ce serait, sans aucun doute, le crayon que possède M. Reiset, dont le bonheur égale la finesse du jugement. Le bonheur ! Dans les acquisitions d'objets d'art tout aussi bien que sur le champ de bataille, il ne va qu'aux forts et aux habiles. Voici comment mon savant collègue parle de cette petite merveille dans la description abrégée de ses dessins [1] :

---

1. *Description abrégée des Dessins de diverses écoles*, appartenant à M. Frédéric Reiset. Paris, in-12, 1850.

« N° 253. François Clouet, dit Janet. Portrait
d'une jeune princesse. Elle est vue en buste et de
trois quarts, la main droite posée sur la main
gauche. Des colliers de perles ornent son cou, ses
cheveux et sa poitrine. Le corsage de la robe est
bleu, les manches sont rougeâtres. — Au crayon
rouge et noir, lavé d'aquarelle et de gouache et
rehaussé d'or dans certaines parties de l'habillement.

« Hauteur 0,295, largeur 0,215.

Ce dessin a été apporté de Turin, il y a quelques
années. »

M. Reiset oublie de dire qu'on l'attribuait en
Italie à Holbein. Il est difficile de déterminer laquelle des filles de Catherine de Médicis, à l'âge de
15 ans, est représentée dans ce portrait, mais il
n'est pas douteux que Janet soit l'auteur de ce
crayon, et il l'a dessiné peut-être d'après nature,
certainement d'après un des portraits qu'il aura
peints vers 1561-1568.

Tout en rejetant les crayons dans le domaine des
copistes de profession, j'admets, comme on le voit,
des exceptions, car je n'ignore pas que Jean Holbein
dessina à Bâle des portraits et des études au crayon;
ils ont fait trois fois mes délices, et je n'oublie pas
davantage qu'attaché dès 1528 au roi Henri VIII, il
fit, pendant près de vingt ans, le bonheur de son
maître en reproduisant tous les personnages de sa

cour avec un admirable talent et une naïveté primitive, qui persista avec autant de fermeté, quoique avec moins de mérite, que celle qu'opposa Janet à des influences bien autrement considérables. Mais ce fait lui-même est exceptionnel, et on peut attribuer à un goût particulier du roi et à son désir de former rapidement une collection [1], le choix d'un mode expéditif rendu séduisant par le talent de son peintre favori.

A partir de 1560-70, je crois entrevoir des crayons dessinés d'après nature, et il n'est pas douteux que les successeurs de Janet dans son titre, et leurs contemporains, firent des portraits directement sur papier. Nous avons des crayons [2] signés par Benjamin Foulon, François Quesnel [3] et la nombreuse famille des Dumonstier; mais je n'entends pas qu'on applique à ces œuvres lâchées, blafardes et fardées les éloges que j'ai donnés à l'art français [4].

---

1. On sait le sort de ces 89 crayons, de ces 89 merveilles qui vinrent en France après la mort d'Holbein, comme pour se placer en parallèle avec les produits naïfs de notre école de peinture, deux sœurs dont la Flandre a été la mère commune, et qui conservent une grande ressemblance, malgré l'éducation différente qu'elles ont reçue et les voies diverses parcourues par elles. Ces dessins ont repassé le détroit. J'en parle encore, dans le volume suivant, au chapitre des *Monuments perdus pour la France.*

2. Nous avons à Paris, en dépit de tous nos malheurs, les séries les plus complètes et les plus remarquables; j'en dis quelques mots plus loin. La Bibliothèque nationale, la plus riche, compte, en trois volumes, trois cent trente-neuf crayons; elle a retrouvé dernièrement 14 autres crayons des Dumonstiers, et entre autres un portrait admirable d'Anne d'Autriche, dessiné en 1622; enfin elle laisse s'estomper et se perdre, dans ses portefeuilles de portraits, une vingtaine de très-bons crayons qui devraient être réunis à part et conservés avec soin. Je ne parle pas d'un volume de 68 dessins de Lagnau, ce sont des caricatures dont je ne comprends pas le mérite.

3. Quant à B. Foulon, qui signait Foulonius, et à F. Quesnel, j'en parle dans le chapitre des Peintres en titre d'office.

4. L'Estoile fait grand état d'un crayon de Poltrot, qu'on venait voir dans son cabi-

La gravure prend le troisième rang dans la reproduction des portraits. Si les crayons étaient des copies, quelquefois des amplifications de peintures sérieuses, les gravures nous représentent des copies de crayons et presque toujours des copies en miniature. Est-il nécessaire d'insister pour prouver que les graveurs, quelque habiles qu'ils fussent, ne pouvaient peindre eux-mêmes d'après nature, et qu'on n'aurait confié ni à leurs pauvres ateliers, ni à leurs mains noircies par l'outil, des peintures originales aussi précieuses? Ils faisaient quelquefois eux-mêmes les copies dont ils avaient besoin; le plus souvent ils se procuraient chez les faiseurs en renom les crayons les plus remarquables, soit par la ressemblance, on y tenait beaucoup, soit par une certaine grâce à la mode qui assurait le débit de leurs délicates et habiles reproductions. Lisez les quatrains qui accompagnent ces petits portraits, si habilement gravés, par Thomas de Leu, Léonard Gauthier, J. Wierix, J. Granthome, Golzius et les autres, vous verrez qu'ils sont composés pour les crayons et jamais pour la peinture originale. Ainsi, au bas du Strozzi de Thomas de Leu :

> « Le peintre ingenieus eu Strosse au vif icy
> La candeur et valeur au vif a peint aussy

---

net; « 23 février 1608 : Quatre seigneurs alemans viennent voir ma collection. Ils firent cas de ma petite Mort de Pavie qui est une pièce rare, du crayon de Poltrot qui tua le duc de Guize devant Orléans. — Ce crayon, » dit-il ailleurs, « est au vif et bien fait; il est sorti du cabinet de feue madame la princesse de Condé qui seule l'avoit. » Il avoue plus loin qu'il en existait deux répétitions. Il inscrit aussi dans son journal ce détail : « Le 12 juillet 1608 : M. de Gerocour m'a donné, ce jour, le pourtrait de Lipse, fort bien fait, par le laquais de M. du Puy, œuvre rare de laquais. »

Comme voir on le peut et mieus et d'avantage
Au reste ce craion n'estant que le visage. »

Et sur un autre, gravé en 1581 par L. Gauthier:

« Le vif crayon de Serralier scavant
N'est pas icy mais en l'esprit vivant
Bien que tu vois en ceste pourtraiture
Empraïns Pallas et Themis et Mercure. »

FR. DE BELLEFOREST.

Ces deux citations suffisent, et en examinant ces gravures, on admirera le talent qui sut rendre sur un métal dur, avec un instrument aigu, tranchant, le modelé plat, la douceur du travail et l'éclat du ton, qualités caractéristiques de ces crayons[1].

Après François Clouet il se fait un vide; il semble que ce nom en s'éteignant emporte avec lui un secret. Nous avons pourtant quelques artistes provinciaux dont la célébrité perce, soit dans les vers de la pléiade, soit dans les correspondances et mémoires du temps. La persistance de ces peintres dans le genre français est digne de remarque, sans être bien méritoire, n'ayant été sollicitée au changement ni par les mêmes influences étrangères, ni par l'entraînement du public. Il y aura lieu de reconstituer pour chacun d'eux une biographie spéciale, et pour les œuvres qui leur sont propres, un inventaire particulier, deux tâches difficiles sans être impossibles, et qui concourront à établir que,

---

1. Cherchez le portrait de la marquise de Verneuil, gravé par J. Wierix, en 1600, et celui de Marie de Médicis, avec son air doux, jeune, étonné, au costume, à la coiffure florentine.

avec l'extinction des Janet, il se fit un vide, un moment de silence. Personne, dans ce moment solennel, n'était de force à suivre la route tracée ou
à ouvrir une nouvelle voie. Il faut qu'un Porbus
nous rapporte de Flandre des traditions analogues
pour que nous retrouvions quelques-unes des qualités du maître [1].

Sans doute l'art du portraitiste ne devait pas
mourir en France ; il y eut seulement une halte
d'abord, et puis une transition [2]. Le portrait trouva
plus tard parmi nous d'éloquents interprètes, c'est
une autre langue ; elle est expressive encore, elle
devient apprêtée, brillante, fastueuse, elle prend
tous les tons, mais ce n'est plus la langue des Janet,
le vieux parler gaulois de ces grands maîtres.

---

1. Voir au Louvre les portraits de Henry IV, n° 647 et 648. Dès la première expo-
sition publique d'une partie des tableaux du roi dans le palais du Luxembourg,
en 1750, on plaça l'un de ces portraits en pied en pendant du portrait de Henri II ; on
lit dans le Catalogue : N° 57. Jeannet : Le portrait de Henry II. N° 58. Fr. Porbus :
Le portrait de Henry IV.
   Catalogue des Tableaux du cabinet du Roy au Luxembourg, quatrième édition, Paris,
in-12, 1751.
2. Voyez le portrait de Catherine de Médicis au Louvre, n° 1293, et celui de la
marquise de Verneuil (provenant de la collection de M. Sauvageot), à l'hôtel de
Cluny ; ce dernier portrait est très-restauré.

TABLEAUX ET PORTRAITS
DES TROIS CLOUET.

La destruction de nos monuments [1], le saccage des châteaux et des églises, datent de bien loin, et ils expliquent comment nous trouvons d'innombrables artistes cités dans les documents, en même temps que nous ne retrouvons qu'un si petit nombre de leurs productions. D'autres causes ont contribué à nous dépouiller et à établir avec un égal discernement que, privés d'une littérature sérieuse avant Malherbe, nous n'avions aucun art avant le Poussin, Vouet et Lebrun [2].

En premier lieu, le dédain que nous avons professé nous-mêmes pour l'art national dès les dernières années du xvᵉ siècle, dédain qui n'allait pas seulement jusqu'à nous humilier devant l'Italie, en

---

1. « Le 2ᵉ jour de janvier 1589 le peuple continuant ses furies et insolences, ausquelles l'animoient leurs curés et prédicateurs, abbatist et démolist les sépulchres et figures de marbre que le Roy avoit fait ériger auprès du grand autel de l'église Saint Pol à Paris, à deffuncts saint Maisgrin, Quelus et Maugeron, ses mignons.

« Ce jour 4 juillet 1589, les cordeliers ostèrent la teste à la représentation de la figure du roy qui estoit peint à genoux priant Dieu auprès de la royne sa femme, au dessus du maistre autel de leur église, et aux Jacobins, estant peint de ceste façon en leur cloistre, ils barbouillèrent et lui chaffourrèrent tout le visage. » Je place ici ces extraits du journal de l'Estoile, pour bien faire comprendre que les mutilations sont de tous les temps. Les guerres religieuses à elles seules fournirent sur ce sujet un chapitre lamentable afférent au xviᵉ siècle. On trouvera d'autres preuves de barbarie, pour des époques plus anciennes, dans mes Études sur le moyen âge.

2. « La peinture commença sous Louis XIII avec le Poussin; il ne faut pas compter les peintres médiocres qui l'ont précédé.» *Siècle de Louis XIV*, chap. xxxiii. Voltaire s'exprime de même dans le Temple du goût; et dans ces questions, il était bien plutôt reflet de l'opinion générale que lumière propre. Cette opinion est encore l'opinion générale. Nous la combattrons en décrivant les productions de Jean Foucquet et de Michel Coulombe.

faisant appel à leurs artistes, mais qui nous pous-
sait à détruire tout ce qui avait été fait avant eux,
tout ce qui n'était pas conçu d'après eux. En second
lieu, la facilité qu'eurent les étrangers d'attribuer
à leurs peintres, à Holbein par exemple, les chefs-
d'œuvre des peintres français, dont l'existence
et surtout le talent étaient contestés par nous-
mêmes. Je m'arrêterai un instant à cette confusion
d'attributions, parce qu'elle est beaucoup plus grave
qu'on ne le croit et plus préjudiciable à notre honneur qu'il n'est possible de le tolérer.

Le point de départ des Janet et d'Holbein est le
même, l'école des Van Eyck; les principes les
mêmes, l'imitation de la nature, par le chemin le
plus court, se produisant par les moyens les plus
simples. Telles sont les analogies qui amenèrent et
qui excusent la confusion qui s'est faite. Voyons
quels caractères particuliers, quels traits distinc-
tifs devaient l'éviter et aux peintres français et au
peintre suisse.

Tandis que l'habitant de la campagne vous accoste
franchement, brutalement, l'habitant de la ville,
l'habitué de la cour surtout, vous abordent avec politesse, usant de certains égards. Il en est ainsi d'Holbein et des Janet. Celui-là vient droit à vous; il
voit les difficultés, mais il les attaque de front et
les prend pour ainsi dire par les cornes; l'œil chez
lui agit comme le verre de la chambre noire; il
reflète l'image sans que l'esprit ou le goût vienne

rectifier les aberrations résultant de la convexité de nos prunelles. Aussi voyez dans les portraits d'Holbein ces nez qui s'enflent outre mesure, ces yeux qui se rapetissent hors de toute proportion. Les Janet voient aussi bien, aussi rigoureusement juste ; mais chez eux l'esprit, le goût délicat et un sentiment particulier d'élégance modifiaient dans une juste proportion la traduction qu'ils faisaient sur la toile, de l'image que le reflet de la lumière portait dans leurs yeux. L'un rendait ce qu'il avait reçu, l'autre interprétait dans une certaine et juste mesure. D'ailleurs, même platitude au premier aspect de ces portraits, même accentuation se produisant à l'examen. Même regard limpide et vivant ; seulement, le regard dans les portraits des Janet vous charme, le regard dans les portraits d'Holbein vous fixe en s'imposant avec autorité, en vous pénétrant plus avant.

Si les étrangers sont excusables d'avoir produit cette confusion, nous serions sans excuses si nous la tolérions plus longtemps ; il nous faut chercher et reprendre notre bien parmi les Holbein de toutes les grandes collections, et ce qui précède pourra servir à distinguer ce qui appartient au peintre de Bâle, ce qui revient à nos peintres français [1] et par-

---

1. On peut voir plus haut la description du portrait de François Ier à cheval (p. 18) qui a toujours passé à Florence pour être de la main d'Holbein, celle du François II du Musée d'Anvers (p. 90) et celle du dessin appartenant à M. Reiset qui fut envoyé d'Italie avec le nom d'Holbein (p. 124). J'ai acheté à la vente du général d'Espinoy le portrait de Jacqueline de Rohan, née vers 1520, mariée en juillet 1536 à François

ticulièrement aux Janet, ses contemporains et ses rivaux.

Quand nous aurons ainsi restitué à nos artistes eurs plus belles pages, toutes les difficultés ne seront pas aplanies ; il nous restera la lourde tâche de classer et de nommer ces œuvres.

Les peintres primitifs, par cela même qu'ils sont primitifs, n'ont pas une manière individuelle qui les distingue entre eux ; ils ont une manière générale qui les confond tous ensemble. Ce faire, particulier non à un artiste, mais à toute une époque, a pour point de départ l'impulsion vigoureuse d'une influence étrangère, comme dans l'école byzantine, d'un homme comme Giotto et les frères Van Eyck, ou bien aussi d'une disposition nationale, comme le goût français que subirent les Janet et qu'ils défendirent vaillamment pendant près d'un siècle. La soumission est le caractère particulier des peintres de ces époques, soumission partagée par le public. Si ceux-là craignent d'innover, ceux-ci, loin de solliciter des innovations, de l'inattendu, du bizarre, se choquent de tout ce qui sort des données traditionnelles. Dans ces temps heureux, un tableau

d'Orléans ; il a appartenu à M. de Gaignières, qui a écrit derrière : *c'est l'original de Holbein.* Or ce charmant portrait doit être rangé dans la grande série que j'attribue à C. Corneille. (Voir p. 76 et p. 145.) Au château d'Hamptoncourt un portrait de François Ier est inscrit sous le nom d'Holbein, et c'est une peinture française. Enfin, dans la même collection, je n'ai pas vu mais on montre un tableau qui représente l'entrevue de Henry VIII et de François Ier à Calais. Ne serait-il pas de main française. Je ne pousserai pas plus loin ces indications qui auraient besoin d'être discutées en face des peintures originales.

avait-il du succès, le peintre le répétait plusieurs
fois, sans croire pour cela faire preuve d'impuis-
sance. Ce même tableau était non-seulement copié,
mais répété par ses élèves avec certaines modifications propres à leur nature, à leur sentiment et à la
part d'inspiration qui peut entrer dans une redite.
Citons un exemple : le Pérugin avait peint en 1495,
pour la cathédrale de Pérouse, un tableau représentant le mariage de la Vierge, dans lequel il avait
mis toutes ses qualités charmantes et son savoir
profond. Le tableau eut un grand succès, il le ré-
péta. Neuf ans plus tard, en 1504, un élève de ce
grand peintre ayant aussi un mariage de la Vierge
à peindre pour les Franciscains de Città di Castello,
prit pour modèle le tableau de son maître. Cet élève
était Raphaël, cette répétition est le Sposalizio. Si,
par un heureux hasard, dans l'espace de temps
qu'exige le voyage de Caen à Milan, vous avez pu
comparer l'original à la répétition, si vous vous
êtes bien rendu compte de la manière de juger les
œuvres à toutes les grandes époques de l'art, vous
aurez compris comment le Pérugin dut être heureux et flatté de ce rajeunissement de sa pensée;
comment Raphaël, tout en copiant son maître,
croyait, à bon droit, rester lui-même; comment enfin
le public qui admirait, et les Franciscains qui
payaient, se rendirent très-bien compte de la part
qu'il fallait faire à chacun, ou plutôt s'inquiétèrent
fort peu de cette répartition, se contentant de trou-

ver que le maître et l'élève étaient deux grands peintres dans leur manière différente et particulière de traiter une œuvre commune.

Ces dispositions du public, cette abnégation des peintres, transportées dans le portrait, rendent presque impossible la tâche du critique. Discerner entre la peinture originale faite d'après nature, la répétition faite par le maître lui-même, la copie de l'élève retouchée par son maître, et enfin ces copies heureuses faites avec amour par quelque artiste enthousiaste, c'est chose purement impossible, à moins d'avoir conquis, dans le brocantage des tableaux, cette assurance risible qui fixe une date précise à toutes les œuvres et qui leur trouve toujours un nom. Pour un homme de sens et de goût, l'étude et la pratique de ces maîtres lui apprennent à classer ensemble les œuvres dont l'analogie d'exécution et de sentiment est frappante, à choisir dans ce premier classement, à défaut d'œuvres signées et datées (les Janets n'ont jamais écrit leurs noms au bas d'aucun tableau), les œuvres supérieures pour les attribuer au maître. Les œuvres timidement exécutées, mais avec le sentiment de l'artiste et dans les mêmes données, seront classées au nom des élèves ; enfin nous arrivons aux copies, et je ne veux pas aller plus loin sans dire un mot des copistes. Je sais une foule de gens qui s'accommodent d'une copie de tableau et trouvent autant de plaisir à la contempler que d'autres à admi-

rer l'original ; je connais aussi force curieux qui
croient fermement et qui, dans l'occasion, soutien-
nent qu'il est impossible de distinguer une bonne
copie d'un original. Ceux-là ont les yeux et le goût
ainsi faits, inutile de discuter avec eux ; ceux-ci ont
lu leur Vasari, et ils ne manquent pas de citer la
facilité attribuée à Michel-Ange [1] et cette fameuse
copie du portrait de Léon X, de Raphaël, exécutée
à Florence avec tant de fidélité par Andrea del
Sarto, qu'elle lui permit non pas seulement de com-
mettre une véritable escroquerie, mais aussi de
tromper Jules Romain qui connaissait bien l'original, puisqu'il y avait travaillé. Que répondre ? Il
était réservé à un Raphaël d'avoir pour copiste, et
pour copiste servile, un Andrea del Sarto, c'est-à-
dire un peintre d'un immense talent, qui trouvait
dans les obligations du copiste des qualités qui lui
manquaient dans ses œuvres originales. Si l'on est
exposé à acheter une madone de Raphaël, copiée
dans ces conditions, au lieu et place d'un original,
le mal est-il bien grand, et semblable occurrence
bien fréquente ? Pareille copie n'est-elle pas la perfection de la copie ? Un grand talent reproduit par

---

1. Après avoir dit que Michel-Ange avait copié à la plume, de manière à s'y mé-
prendre, la Tentation de saint Antoine, gravure bien connue de Martin Schoen, Vasari continue ainsi : « Contraffece ancora carte di mano di varj maestri vecchi tanto
simili, che non si conoscevano perchè tignendole e invecchiandole col fumo e con varie cose in modo le insudiciava, che elle parevano vecchie, e paragonatele con la pro-
pria, non si conosceva l'una dall' altra : ne lo faceva per altro, se non per averc le
proprie di mano di coloro col dargli le ritratte, che egli per l'eccelenza dell' arte am-
mirava e cercava di passarli nel fare, onde n'acquisto grandissimo nome » t. XIV, 37.

un talent presque égal, qui, en copiant, puise sa
soumission dans son admiration.

Quand les rôles s'intervertissent, l'inconvénient
est plus grand. J'ai vu hier, à la vente de M. Auguste, peintre et sculpteur fort ignoré, une copie
d'une de ses œuvres, faite — devinez par qui? —
par M. Ingres. Le maître, au lieu de suivre son
élève, l'avait dépassé, et du modèle qu'il avait
imité, il ne restait qu'un maigre squelette recouvert
des riches vêtements qui s'étaient drapés involontairement sous le pinceau du copiste.

Ces rencontres, encore une fois, sont rares;
voici ce qui était commun au xvi⁰ siècle. Quelques
peintres, assez puissants pour copier la nature,
sont entourés d'un essaim d'hommes de talent assez
dépourvus d'amour-propre, assez remplis d'abnégation pour se vouer au métier de copiste. Tandis
que de nos jours, chaque facilité de main, chaque
éclair de talent veut se faire un nom, et pour y
parvenir l'écrit au bas des œuvres les plus pitoyables,
tandis que chacun veut se créer une manière, et,
pour se singulariser, adopte les allures les plus
étranges, au xvie siècle, il y avait encore, non pas
la modestie et la naïveté du moyen âge, mais une
sorte de nonchalance d'amour-propre qui, sans
initiative, sans ambition, considérait l'art comme
un gagne-pain, et n'attachait pas plus d'importance
à ses œuvres que le maçon à sa muraille, le manœuvre à son mortier. Le travail achevé, l'imita-

tion devenue parfaite, le copiste envoyait son œuvre sur le marché, comme on met une pauvre créature au tour des enfants trouvés, sans la marquer d'un signe de reconnaissance pour conserver la chance de la retrouver, sans avoir honte de cet abandon, sans en avoir regret.

C'étaient d'habiles ouvriers; est-il si difficile de démêler à travers cette habileté les caractères de la copie? Non, sans doute. Ce qui distingue un original, c'est la franchise, la hardiesse, le sentiment, une sorte d'esprit en verve, et certaines hésitations que je vais définir. Ce qui marque la copie, c'est ou une timidité maladroite, ou une facilité monotone et des tâtonnements qui ne se terminent jamais par une inspiration heureuse, mais qui aboutissent toujours à quelque plate conclusion. M. le prince de Talleyrand me racontait un jour quelle était la puissance et le charme de Mirabeau à la tribune, et il ajoutait : « Au milieu du feu de son improvisation, il avait des hésitations charmantes; il s'arrêtait comme pour choisir le terme propre, et l'assemblée suspendue à ses lèvres cherchait avec lui; mais il arrivait avant elle, et toujours si juste, qu'on était dominé, et par l'heureux choix qu'il savait faire, et par la difficulté qu'on avait éprouvée soi-même. » La valeur, le caractère de l'original n'est-il pas dans ce bonheur de l'expression à travers l'hésitation; le signe de la copie, au contraire, ne se découvre-t-il pas dans un tâtonnement pénible dont le résultat n'est animé, n'est vivifié, ni par l'observation, ni par l'inspiration.

La copie a d'autres signes par où elle se trahit : si elle rend un coloriste, elle n'a pas la franchise du ton; si elle reproduit un dessinateur, elle faiblit aux extrémités, et, comme dans la fable, cette sirène trompeuse finit maladroitement; il semblerait que ces artistes n'ont vu l'homme que jusqu'au col, si bien qu'ils placent leurs têtes sur des carrures impossibles, s'embarrassent dans les bras et sont tout éperdus arrivés au bout des doigts. Nous n'avons pas sur ce point de théorie à exposer; il nous suffit d'avoir démontré que les copistes ont été en France, au XVIe siècle, plus nombreux, plus habiles qu'à aucune autre époque, et d'avoir établi qu'il est possible de distinguer leurs ouvrages des œuvres originales.

Et je n'arrête ici mon attention que sur les copies identiques, peintes à l'huile d'après les tableaux originaux ou dessinés sur papier d'après les crayons; car autrement il faudrait aussi m'occuper des transformations particulières aux copies sur émail [1], sur faïence, sur vitrail, en tapisserie, voire même aux copies sculptées. Les œuvres de F. Clouet ont subi ces honneurs variés, et le caractère de son talent est

---

[1]. Le lecteur pense sans doute avec moi au portrait de Diane de Poitiers couché, émail du Louvre; au François II (idem), dont l'original était sans doute à Fontainebleau (voir la description du P. Dan). Je reviendrai, en son lieu, sur ces copies faites d'après les originaux de Fr. Clouet, mais en dehors de son influence.

tel, qu'il perce à travers la couche plus ou moins épaisse de ces procédés différents. J'aurai l'occasion dans d'autres travaux de suivre son influence jusqu'à ces points extrêmes de son domaine.

Il me resterait à mettre ici en pratique ces règles et ces observations, mais ces règles sont générales, elles ressortent de l'ensemble de mes études; leur application, au contraire, est toute spéciale, et, pour ce qui concerne l'école française, elle exige des recherches, des visites, des voyages que je n'ai pas encore accomplis, dont je m'acquitte peu à peu, à bâtons rompus, et selon les occurrences. J'arriverai bientôt à un résultat, et quand même ce travail délicat et difficile ne devrait pas conduire à attribuer à chacun des Clouet les portraits qu'ils ont peints, s'il permettait seulement d'exclure de leur inventaire les portraits qu'ils n'ont pas pu peindre, et de les rendre au pinceau de leurs contemporains et de leurs successeurs, ce serait déjà un pas important de fait. Mais, je le répète, il faut tout comparer, tout juger par ses propres yeux avant d'établir ce bilan. Mon étude n'est pas avancée à ce point. Je vois bien des Janet cités presque partout, je n'en trouve presque nulle part. L'oreille aux aguets, j'accours au premier bruit et on me montre les faibles produits des imitateurs ou les répétitions habiles des copistes. Plus je vais, plus j'acquiers la certitude que des véritables Janet sont rares, soit que ces peintres consciencieux aient peu produit, soit que leurs œuvres, éparpillées comme les anciennes familles qui les possédaient[1], soient dispersées en France et à l'étranger. On devrait s'attendre à les voir réclamer le grand jour de la publicité, au retour périodique des successions ; vain espoir : tandis que chaque nouvel héritier trouve une raison et une excuse pour envoyer aux enchères quelque grand-père, maréchal équestre ou président en grande robe, il réserve soigneusement et soustrait à la vente ces tableaux miniatures dont les dimensions vont à tous les appartements et les qualités charmantes à tous les goûts. Il faudrait établir un vaste système de visites domiciliaires pour constater dans les anciennes familles la transmission régulière des Janet ; je n'ai pas ce pouvoir, mais, pour le remplacer, je compte sur le temps.

Pour reconnaître dans un portrait le personnage représenté, nous avons la comparaison avec des portraits qui de fondation portent leurs titres ; nous

---

1. Les collections de portraits étaient encore très-nombreuses au xviiie siècle ; elles sont très-rares aujourd'hui. Lorsque M. de Clerambault, généalogiste des ordres du roi, voulut réunir les portraits des membres de l'ordre du Saint-Esprit, il s'enquit des collections qui pouvaient lui offrir des ressources, et un de ses portefeuilles (Bibl. nat., Mélanges de Clerambault. Cab. gén., no 229) est rempli des renseignements qu'il se procura. Dans ces pièces, aujourd'hui si intéressantes, j'avais copié avec soin deux notices qui devaient prendre place ici, mais l'espace me manque pour les publier, je me contente de les indiquer. C'est d'abord la liste de plusieurs collections parmi lesquelles figure celle que M. Fieubet avait réunie dans son château de Beauregard près Blois, c'est ensuite le catalogue des portraits formant cette collection Comme composition et comme authenticité (à Jeanne d'Arc près, voir page 58), cette collection de près de 400 portraits pouvait être et serait encore un modèle, si toutefois la plupart de ces portraits, n'avaient pas été exécutés, comme en fabrique, pour des collecteurs trop impatients. J'ai parlé, dans la description du Palais Mazarin, de ces collections et de leur mérite. J'insérerai ces deux notices dans une nouvelle édition de cet ouvrage.

avons les gravures du temps , les descriptions et les
portraits écrits; puis, sinon pour découvrir le nom,
au moins pour fixer l'époque à laquelle appartient
le personnage , nous avons le costume [1], la tournure, les airs de tête, la coiffure et la coupe de la
barbe; nous avons enfin une foule de circonstances
accessoires et de détails inaperçus qui deviennent
une autorité en formant corps.

Après avoir daté le portrait, après l'avoir nommé
sans considération de son mérite, on aborde la
question toujours délicate des analogies.

Il y en a d'impossibles , comme le portrait de
Diane de Poitiers, que MM. Dibdin [2] et Passa-

---

1. Les études sur le costume sont encore trop incomplètes; on n'a pas fait assez la
part des textes : les comptes des rois, reines et princesses donnent mois par mois, année par année, les variations des habillements avec des détails infinis, et qui ont souvent sur les peintures l'avantage d'une date précise. Ce n'est pas trop du concours de
toutes les sources d'informations pour suivre la mode et la décrire; il faudra même
prendre dans les mémoires imprimés des indications de ce genre de précision :

« Au commencement de novembre 1575, le roy, » dit l'Estoile, « se livre à des dé-
votions, il laisse ses chemises à grands goldrons dont il estoit auparavant si curieux
et en prend à colet renversé, à l'italienne. »

En 1576, il écrit : « Ces beaux mignons portoient leurs cheveux onguets, frisés et
refrisés par artifices, remontans par dessus leurs petits bonnets de velours comme
font les p..... et leurs fraises de chemises de toiles d'atour empezées et longues de
demi-pied, de façon qu'à voir leur teste dessus leur fraize, il sembloit que ce fust le
chef saint Jean dans un plat. »

2. Il existait à Paris, il y a plusieurs années, dans la collection de M. Craufurd un
portrait de Diane de Poitiers que M. Dibdin fit copier par M. Cœuré lors de son
voyage à Paris. Il fut gravé à Londres; et, comme on n'imprima qu'un petit nombre
d'exemplaires, cette estampe est devenue rare et chère. Le dessin de M. Cœuré avait
coûté 300 francs, il se revendit à Londres 600 fr. après qu'il eut servi au graveur,
puis M. Craufurd venant à mourir, ses tableaux furent mis aux enchères et la peinture originale se vendit moins cher que la copie : elle fut adjugée à lord Spencer pour
360 francs. Ainsi vont les choses.

Je n'ai pas vu ce portrait; on l'attribue à Janet, sans s'occuper de fixer par lequel,
des deux Clouet il a été peint. L'un et l'autre ont pu peindre Diane. On sait que
cette beauté régna, comme beauté, depuis 1545 jusqu'à sa mort, et comme maîtresse
de Henri II, depuis 1536 jusqu'à la mort de son royal amant.

Voici la description de Dibdin : « Diane de Poictiers. This highly curious portrait

vant [1] attribuent à Janet, et que la gravure reporte,
sans contestation possible, à l'école de Fontainebleau.

Il y en a d'embarrassantes, comme tous ces portraits peints en tons clairs et fins [2] sur fond vert
d'eau, faiblement modelés, traités d'une touche
précise et sobre, ne laissant à la couleur que très-
peu d'épaisseur, portraits charmants et innom-

---

is a half length, measuring only ten inches by about eight. Is represent the original,
without any drapery, except a crimson mantle thrown over her back. She is leaning
upon her left arm, which is supported by a bank. A sort of tiara is upon her head.
Her hair is braided. Above her, within a frame, is the following inscription, in ca-
pital roman letters : COMME LE CERF BRAIT APRÈS LE DÉCOURS DES EAVES : AINSI
BRAIT MON AME APRÈS TOI, O DIEU. (Psalmes XLII.) Upon the whole, this is per-
haps the most legitimate representation of the original which France possesses. »
(Bibl. antiq. and Pict. Tour in France, II, p. 478.)

1. Passavant Kunstreise durch England und Belgien. p. 192.

2. En décrivant le portrait de Brissac je vais indiquer les traits caractéristiques de
cette grande série de portraits :

MUSÉE DU LOUVRE, n° 25. « Le maréchal de Cossé Brissac à l'âge de 30 ans, en 1536.»
Portrait en buste, presque de face, la tête coiffée d'une toque à plume d'autruche, un
juste-au-corps de velours noir avec manche de soie brune rayée.

Clarté argentine de l'effet, fraîcheur brillante du coloris, tons roux servant de base
et de fond aux cheveux, à la barbe et même aux ombres; les prunelles bleuâtres, cin-
trées d'un linéament plus foncé, un peu vitreuses, donnant au regard quelque chose
d'étonné et de fixe, la couleur apposée très-liquide ne laissant aucune épaisseur et se
fondant de manière à faire disparaître presque entièrement la touche du pinceau, à
effacer le modelé et à donner un peu de platitude à la face. Le tout se détachant vivement, gaiement sur un fond vert d'eau.

Sur ce fond, à droite, on lit   M. DE BRISSAC
                                        ESTANT. NEVN?

Le dernier mot me paraît illisible.

Le musée du Louvre montre aussi un portrait d'homme à l'âge de vingt ans, qui
porte en bas en lettres d'or : *François Ier, roi de France*. Il est naturellement attribué
à Janet, comme dix autres portraits qui sont étrangers à son talent distingué et à sa
manière de peindre bien caractérisée. Il faut le reporter au compte de Corneille, en
remarquant, comme je l'ai dit plus haut (p. 77), que ce portrait fort peu ressemblant,
fut copié par lui, d'après quelque original assez médiocre, peint en 1544.

Cette grande série de portraits est très-nombreuse, Corneille pouvait répéter une
de ces petites peintures en quatre ou cinq jours, et son musée n'avait pas d'autre but
que d'exciter les désirs des visiteurs et leurs commandes. On conçoit donc combien de
copies isolées, ou de séries complètes, il a pu mettre en circulation dans une vie d'artiste qui semble avoir été assez longue et très-active. Le pinceau était sans doute
trop lent pour satisfaire aux demandes; il prit la pointe, et se mit à graver hâtivement

brables qu'on serait tenté d'attribuer à un faiseur habile comme Corneille de Lyon, si on avait à l'appui
de semblable décision le plus mince document.

Il y en a de frappantes ou d'assez indiquées pour

---

tivement ces mêmes portraits, qui eurent à la fois la popularité de la vogue et la
bonne fortune de servir de type à toutes les collections du même genre qui furent
publiées depuis lui. Il marque ses estampes de deux C placés l'un au-dessus de
l'autre.

Outre les portraits qui figurent au Louvre, on peut rechercher ceux qu'on a placés
à Versailles. Les nos 1725, 1727, 1735, 1756, 1778, 1803, 1819 étaient sans aucun
doute des Corneille ou d'anciennes copies de Corneille avant qu'on les eût repeintes.
Le Laurent de Médicis no 1680 me semble un Corneille, copié par lui pour sa collection, d'après quelque original italien. Quant au Jacques Bertaut, contrôleur du roi,
c'est un de ses bons portraits dont on a repeint entièrement le fond et pointillé certains détails. Il porte le no 1760 et cette inscription : JAQ. BERTAVT. CONT. ᴿᴿ DE
LA MN. DV. ROY.

Vingt amateurs, au nombre desquels je me compte, possèdent des portraits de
Corneille. Je ne puis en faire ici l'inventaire, mais je dirai un mot de quatre portraits
de ce même maître, qui faisaient partie de la collection de M. Alexandre Lenoir, achetée à Paris par M. Colnaghi, et revendue par ce marchand d'estampes au duc de Sutherland. Ils sont ainsi intitulés :

Marguerite de France, duchesse de Berry, née en 1523. (A vingt ans.)
Gabriel de Rochechouart, dame de Lansac, née en 1514. (A quarante ans.)
Claude de France, reine de France, née en 1499. (A vingt-quatre ans.)
Une dame inconnue, vue de trois quarts, à manches bouffantes.

Je laisse de côté les attributions ; je m'attache à la peinture elle-même, et je constate qu'elle a toutes sortes d'analogie avec le portrait de Brissac, c'est-à-dire avec la
série que j'attribue à Corneille de Lyon. Quant aux autres portraits de cette collection,
ils sont fort curieux, et il est très-regrettable que l'administration du Musée les ait
laissés sortir de France ; toutefois je dois dire que pas un seul, de près ou de loin,
ne peut être attribué aux Clouet.

Henri III, de face ou de grand trois quarts, la perle à l'oreille, est d'une peinture
brunâtre, chaude, d'une touche spirituelle et fine.

La duchesse de Valentinois (repeinte), Henry III, Catherine de Médicis, Jeanne
d'Albret, reine de Navarre, François, duc d'Alençon, Charles IX. Ces six portraits, de
la main d'un même peintre, sont originaux et du temps, mais ils ne sauraient être
attribués à aucun des Clouet, bien qu'ils soient uniformément intitulés : Clouet dit
Janet. — Le cardinal de Châtillon, Marguerite de Valois et Albert de Gondi appartiennent à un troisième peintre — Jacques de Savoie à un quatrième. — Le duc
d'Angoulème, qui fut François Ier, et un François Ier n'appartiennent à personne,
ce sont des peintures refaites. Enfin les trois frères Coligny, en pied, portent cette
signature : Dumoustier del. fecit. C'est un dessin sans mérite d'exécution, intéressant
seulement par les personnages qu'il représente et par ses rapports avec la gravure signée : M. Du Val F. 1579. Tous ces portraits et quelques autres qui descendent jusqu'au xviiie siècle sont placés dans une chambre du rez-de-chaussée. Je n'ai pas pu
voir un portrait d'homme, attribué à Janet, qui fait partie de la galerie du premier. Le
maître de la maison étant absent, ses tableaux étaient empaquetés.

1. 10

qu'on puisse avec certitude attribuer au maître des
portraits qui répondent à sa manière et ne font pas
tort à sa célébrité [1].

Il y en a d'autres qui ne sont gênantes que devant

---

1. Règle générale, il n'est pas de musée, pas de collection particulière qui ne se
vante de posséder un ou plusieurs Janet. On pourrait donc dresser une longue liste
de ces portraits. Je serai très-sobre de mentions; je ne m'attacherai qu'aux peintures
que j'ai vues moi-même, ou à celles dont le mérite est attesté par des juges compétents.

Au Louvre : le Henry II, le Charles IX, la reine Élisabeth; le reste, quinze ou
vingt numéros, n'est pas de François Clouet.

Le Musée a fait dernièrement l'acquisition d'un portrait en miniature de Catherine
de Médicis, à l'âge de 62 ans. La reine est vue de trois quarts, presque de face, le regard
est perdu et un peu vague. L'embonpoint et l'affaissement des chairs, signes de vieillesse, sont extrêmement bien rendus. L'exécution est minutieuse, un peu vieillotte, et
c'est, cependant, une très-belle et curieuse miniature. Elle a 53 millimètres de hauteur. A qui l'attribuer? Il va sans dire qu'elle a été vendue comme étant de François
Clouet; mais en 1582, ce grand peintre, s'il n'était pas mort, avait cédé sa place à
d'autres. Ce portrait prouverait en tous cas qu'il avait fait de bons élèves.

M. de Clarac attribue à Janet le portrait d'après lequel Léonard Limousin a fait son
émail de saint Paul en pied; c'est une erreur, je la rectifie au nom de Robertet, compris dans la liste des peintres en titre d'office.

En Angleterre. Collection royale du château d'Hamptoncourt. « François II enfant,
très-agréable portrait en buste, d'un ton pâle et d'une exécution très-soignée. » Tel est
le jugement de l'habile et savant M. Waagen (*Kunstwerke und Künstler in England*,
tome I, p. 389). Je ne puis ni le confirmer ni le contester, mes souvenirs n'étant pas
assez présents; ma dernière visite dans cette belle résidence date de 1831, et alors
je n'avais d'yeux que pour les cartons de Raphaël.

Castle Howard, château du comte de Carlisle, près de la ville d'York.

« Catherine de Médicis, épouse du roi Henri II, avec ses enfants François II,
Charles IX, Henri III et la princesse Marguerite. Figures entières, grandes comme nature. Peint avec beaucoup de soin dans un ton pâle, particulièrement fin dans les
mains. Tableau plus important que les tableaux du même maître que possède le Louvre.
« Une collection de quatre-vingt-huit portraits des personnages les plus considérables de la cour de Henry II, François II, Charles IX et Henry III, dessinés avec
esprit et naturel au crayon noir et rouge, dans la manière de Holbein. Les noms sont
écrits par une main contemporaine. Il est singulier que tous les hommes sont beaux,
et les femmes, au contraire, toutes laides, à peu d'exceptions près. » (*Kunstwerke in
England*, II, p. 442).

Il faudrait voir ce tableau. S'il est de Janet, nous pourrons mieux nous figurer ce
qu'étaient les grandes peintures du cabinet doré dans le Luxembourg. Quant aux 88
crayons, c'est très-probablement une de ces nombreuses séries dont j'ai parlé à propos des crayons.

Château d'Althorp, résidence de lord Spencer.

François II, roi de France, comme dauphin.

Marie, reine d'Écosse, sa femme.

« Ces deux peintures sont de parfaites curiosités en leur genre; elles sont sans au-

les propriétaires de ces portraits, auxquels il faut
déclarer que les Janet étant des gens de talent, on
ne peut leur attribuer des productions indignes de
leur pinceau.

---

cun doute originales et exécutées à l'huile sur panneau de bois, troué par les
vers en plusieurs endroits. » Dibdin termine cette description qui n'apprend rien, par
ces mots : « This picture is a highly interesting one and was bought at Paris during
the revolution, when the anarchy and plunder of those days dispersed family pictures,
as well as others treasures, amongst the brokers of the metropolis. » *Ædes alth.*, I,
p. 257. Dans un autre de ses nombreux ouvrages, Dibdin nous apprend que ces deux
portraits furent acquis de M. Farman, qui les avait achetés à la vente de M. Quentin
Craufurd. (*Remin. of a litt. Life*, p. 564.)

Je n'attacherais pas un grand prix à l'opinion de M. Dibdin sur l'authenticité de ces
portraits de Janet; le bibliophile se connaissait beaucoup mieux en éditions princeps
qu'en objets d'art; mais M. Passavant, qui est un véritable connaisseur, indique ces
peintures sous le nom de Janet (*Kunstreise in England und Belgien*) et M. Waagen
(*Kunstwerke in England*, tome II, p. 540) ne fait ses réserves que pour le portrait de
Marie Stuart, selon lui, trop vieille et trop laide. Je n'ai pas vu cette collection; le
vieux lord Spencer, deux jours avant sa mort, m'invitait à la visiter, et sa lettre me
parvenait en même temps que l'annonce de ce terme fatal, imposé aux vies les plus
nobles, comme aux existences les plus inutiles.

A LONDRES, STAFFORDHOUSE J'ai parlé (plus haut, page 144) des portraits français
de la collection du duc de Sutherland.

A BERLIN. MUSÉE ROYAL.

« François II, coiffé d'une toque noire, costumé de noir, couvert de broderies et de
perles; il porte l'ordre de Saint-Michel et se détache sur fond noir. »

N° 255. Sur bois. H. 1 p. 4 3/4 pouces.

L. 1 p. 1 1/4 pouce.

« Le jeune duc d'Anjou (Henri III), coiffé d'une toque noire, costumé en noir avec
manches rouges, le tout brodé d'or et de perles. Il porte l'ordre de Saint-Michel. »
N° 261. Sur bois. Mêmes dimensions que le précédent, et lui servant de pendant.
Ces deux portraits proviennent de la galerie Giustiniani, achetée à Paris par le roi de
Prusse, en 1815.

ANCIENNE COLLECTION DU DUC D'ORLÉANS :

HENRI PRINCE DE NAVARRE EN LEAGE DE 4 ANS. A° 1557. On lit cette inscription, écrite en lettres capitales, au bas à droite d'un portrait de ce prince, peint sur
bois, ayant de hauteur 4 pieds sur 3 pieds de large. Voici la description qui en est
faite par M. l'abbé de Fontenoi : « Henry IV est représenté à l'âge de quatre ans ; il
est debout et vêtu selon le costume du temps, tenant d'une main son épée, et de
l'autre s'appuyant sur une table couverte d'un tapis. Il y a des détails précieux dans
ce tableau, mais l'illusion de la vérité est détruite par la disproportion qui se trouve
entre la hauteur de la table et celle de l'enfant qui, par cette comparaison est d'un dessin trop svelte et paroît plus que son age. François Clouet, plus connu sous le nom de
Janet, s'est acquis une grande réputation dans la miniature et dans le portrait, il
vivoit dans le XVIe siècle. »

On sait comment cette admirable collection fut vendue à Londres. Je n'ai pas à dé-

Mais, en résumé, la tâche est désormais rendue possible à l'aide des documents que j'offre dans ces deux volumes, de la chronologie qui fixe les limites de la carrière des peintres, de la biographie qui

---

fendre la mémoire de M. de Laborde de Méréville, mon oncle; tous les contemporains, tous les écrivains ont reconnu qu'il avait acheté la collection du duc d'Orléans pour la conserver intacte à la France, et qu'il l'a vendue à Londres par nécessité lorsque mon grand-père, mort en 1793 sur l'échafaud, ne laissait à ses enfants, pour tout héritage, que le nom vénéré d'un homme de bien, consolant débris dans le naufrage de son immense fortune.

Il paraîtrait que ce portrait fut réservé comme portrait de famille, et qu'il a passé depuis dans la galerie de Versailles. En effet, il répond très-bien à la gravure, si ce n'est qu'on a scié la date pour faire entrer le châssis dans le panneau qui lui fut réservé. Ce n'est point un portrait de François Clouet; c'est une peinture française troublée par l'influence italienne et dépouillée de toutes les grandes qualités de nos portraitistes.

COLLECTION DE DENON.

Il faudrait placer vers l'année 1525 le portrait de Charles de Lannoy, qui faisait partie de la collection de M. Denon, et supposer alors que Jean Clouet aurait suivi son maître en Italie jusqu'à la fatale journée de Pavie, ou bien qu'il serait allé à sa rencontre à la frontière d'Espagne à sa rentrée en France, après le traité de Madrid. Dans l'une et l'autre circonstance, François Ier n'eut qu'à se louer de Lannoy, et il est très-admissible, s'il a eu Jean Clouet près de lui, qu'il lui demanda le portrait de celui qui, après l'avoir fait prisonnier, le rendait à la liberté. Je n'ai pas vu ce portrait; le catalogue (ce ne sont pas en général des autorités) ajoute aux titres de Charles de Lannoy cette observation : « Ce petit portrait de trois quarts et plus qu'en buste est d'une vérité remarquable. Hauteur 27 pouces, largeur 6 pouces. Il est peint sur bois. »

Il y avait aussi dans cette collection une répétition du portrait de Charles IX qu'on voit au musée du Louvre :

No 146. « Un petit portrait, en pied, de Charles IX, roi de France. Une de ses mains est posée sur la garde de son épée et l'autre sur le dossier d'un fauteuil; sa tête est couverte d'une toque surmontée d'une plume. La finesse du pinceau est poussée au plus haut point dans tous les riches détails qui ornent le costume. La figure se détache sur un fond en partie caché par des rideaux de soie verte. » Hauteur 11 pouces et demi, largeur 6 pouces, bois.

COLLECTION DU ROI DE HOLLANDE, A LA HAYE :

No 99. Portrait de don Juan d'Autriche, par François Clouet dit Janet.

Bois, hauteur 10 pouces, largeur 8 1/2.

« Don Juan d'Autriche, dans une attitude triomphante, est représenté montant un cheval noir; il a la tête découverte, il est vêtu d'une armure émaillée et ciselée en argent. Il porte une massue en or élégamment travaillée. Son cheval est paré de riches harnais, le bridon est garni de plumes au-dessus de la tête. Le fond de ce tableau est un pan de mur qui se détache sur le ciel. Le lointain est simplement composé et le coloris en est faible. » (*Description des tableaux*, par C. J. Nieuwenhuis, in-8o, 1843.) Ce portrait n'est pas de François Clouet et ne représente pas don Juan

décide l'âge des personnages, le pays qu'ils ont habité, le costume qu'ils portaient à l'époque où ils sont représentés. C'est bien peu, diront quelques-uns, pour se guider au milieu de cette mer iconographique ; c'est beaucoup, répondra le vrai connaisseur qui sait qu'une règle vaut par sa base et par sa certitude. Aussi sommes-nous fier de pouvoir déjà donner à la critique ce fanal conducteur qui, s'il ne lui évite pas tous les écueils, lui montre

---

d'Autriche. Il est de Jean Clouet, il a été fait pour servir de pendant au portrait de François Ier (décrit p. 18), et il représente Henri II à l'âge de 29 ans, en 1546. Mêmes dimensions, même armure, même équipement. Seulement la tête du prince est découverte, son cheval, de robe noire, est harnaché de broderies blanches, et il marche de gauche à droite. A ces différents titres, ce petit tableau mérite toute notre attention, et je n'ai relégué sa description dans cette note que parce qu'il porte les traces d'une main fatiguée par l'âge et qu'il ne pouvait servir à caractériser complétement la manière du maître. En effet, ce portrait n'atteint que médiocrement la ressemblance ; la tête est petite et maigre, le modelé pauvre et le ton plus faible encore que dans le portrait de François I. Le peintre n'a retrouvé sa vigueur de jeunesse que pour rendre, avec sa surprenante habileté, toutes les broderies du harnachement et la damasquinure d'argent se détachant sur le fer noir de l'armure. Une main maladroite a repeint le ciel.

Si, comme on le murmure, la collection du roi de Hollande doit devenir la proie des enchères, il est à souhaiter que ce portrait de Jean Clouet soit acquis pour le Louvre. Aucun autre musée ne peut en apprécier, aussi bien que nous, les mérites de toutes sortes.

Musée royal de Bruxelles :

N° 140. « Portrait d'homme vu de face, la tête coeffé d'une toeque, tenant un livre dans la main droite, ayant près de lui un petit chien, le tout se détachant sur fond vert. » Ce portrait est donné à Holbein et appartient à un peintre français. Je ne saurais dire auquel de nos bons portraitistes on peut l'attribuer, l'exécution étant plus timide et le ton plus vigoureux que dans les productions de Claude Corneille.

Paris. Collection de M. Sellières :

N° 547. « Éléonore d'Autriche, reine de France et de Portugal, fille de Philippe I, archiduc d'Autriche, roi d'Espagne, sœur de Charles-Quint, épousa, en 1530, François I ; elle mourut en Espagne, en 1558. Peinture à l'huile par François Clouet dit Janet, peintre français qui florissoit sous François I, Henri II, Charles IX et Henry III : peint sur bois. H. 29 cent., L. 22. » J'ai copié la description de M. Labarte. Ce tableau, qui faisait partie de la collection de M. Debruge-Dumesnil, a été adjugé à M. Sellières au prix de 430 francs. Je n'ai pas trouvé dans ce portrait la vie et l'esprit que F. Clouet laissait pénétrer dans ses ouvrages ; il m'a semblé que ce pouvait être quelque copie du temps faite avec soin et patience.

cependant le chenal et le port. Autant il faut se méfier de la sagacité de l'expert et de ses hypothèses, quand, dépourvu de règle, on le voit s'exercer dans le vide, autant on peut se fier à son instinct inné, sorte de seconde vue, quand il suit les jalons posés par une saine critique.

TABLE.

www.ingramcontent.com/pod-product-compliance
Lightning Source LLC
Chambersburg, PA
CBHW070615100426
42744CB00006B/491